ZNAŠ LI,
DA SI
STVOREN
ZA NEŠTO
VIŠE..?

D1718714

Nijedna knjiga o Bogu iz filozofije i nauke nije svojim tekstom bila tako razumljiva i nova. Kliford Goldštajn, koga sa ponosom mogu nazvati svojim prijateljem, svojom knjigom sjajno je izvršio ovaj složeni zadatak.

Izražavam svoju duboku zahvalnost autoru ne samo za njegovo prijateljstvo, već i za to što je svoje ogromno poznavanje filozofije, hrišćanske doktrine, termodinamike i kvantne teorije nesebično podelio sa mnogobrojnim čitaocima.

Iskreno preporučujem ovu knjigu svima koji žele da prodube svoje znanje i obogate svoj duhovni život

Mladen Selak

ZNAŠ LI, DA SI STVOREN ZA NEŠTO VIŠE..?

Kliford Goldštajn

PREPOROD
Beograd 2003.

ZNAŠ LI, DA SI STVOREN ZA NEŠTO VIŠE..?

Naslov originala:
God Godel and Grace
Clifford R. Goldstein

Prevod sa engleskog:
Božidar Lazić

Lektura:
prof. Tomislav Stefanović

Izdaje i štampa:
Preporod – Beograd, 2003.

Za izdavača:
Miodrag Živanović

Tiraž: 500

ISBN – 86–423–0169–4

CIP – Каталогизација у публикацији
Народна библиотека Србије, Београд

211.1

ГОЛДШТАЈН, Клифорд Р.
    Znaš li, da si stvoren za nešto više..? / Kliford Goldštajn ;
[prevod sa engleskog Božidar Lazić] . – Beograd : Preporod,
2003 (Beograd : Preporod). – 127 str. ; 20 cm

Prevod dela: God Godel and Grace / Clifford R. Goldstein. –
Tiraž 500. – Bibliografija: str. 120–125.

ISBN 86–423–0169–4

a) Бог b) Теодицеја
COBISS.SR–ID 105380620

Sadržaj

Uvod

U devetnaestom veku u jednoj ruskoj sudnici, toliko hladnoj da se činilo da čak i senke prisutnih pucaju, optuženi je – modrih usana i podbulog lica, sa nakostrešenim dlakama u bradi – upravo saslušao presudu na smrt. *Kada ga je sudija upitao da li ima još nešto da kaže, uspravio se, nagnuo napred i pljunuo prema sudiji – tako da su se tri bele pruge pljuvačke slivale sa prednje strane sudijske klupe. Sudnica se ispunila zaglušujućim glasovima punim negodovanja, nalik vojnoj bleh–muzici u kaleidoskopskoj oštroj hladnoći. Policajac je, odvlačeći osuđenika, morao da odgurne one koji bi osuđenika isekli i rasuli po podu. Nasuprot ovoj bujici ljudskih tela, jedna stara žena uspela je da se približi osuđeniku i uhvati ga spreda za kaput, a on je, sa bolnim grčem, pokušao da se otrgne od nje i povikao: »Ne!«*

Svi su zastali sa oblačićima pare, koji su im se ledili iznad iskrivljenih usana. Gledali su ženu, čija je mala ruka provirivala iz grube odeće. Čovek, jedan od tužilaca, pozvao ju je: »Grušenjka Ivanovna!«

Stara žena nevoljno se okrenula.

»Grušenjka Ivanovna, zašto istrajavaš uz ovu zver?«

Gomila se složila.

7

»Nikodom je najokrutniji zločinac.«

Gomila je i ovo glasno potvrdila.

»Dokazano je da je izvršio nekoliko strašnih ubistava. Čula si ga kako priznaje da je udavio Pjotra Aleksandroviča, i to zbog čega – ničega?«

»Ničega«, povikala je gomila.

»A dokazano je, bez ikakve sumnje, da je bio izvršilac krivičnog dela u tri nasilne smrti sa kojima su povezane pljačka, izopačenost, prevara i podmukle spletke. On je kriv, Grušenjka Ivanovna, kriv!«

»Kriv!«

»Uz to nije pokazao nikakvu tugu, žaljenje, nimalo pokajanja. A odbio je da vidi i sveštenika!«

»Sveštenika!«

»A sada je odbacio – čak i tebe!«

Ona je otvorila svoju šaku i ogrubelim prstima pomilovala osuđenikov upali obraz. Kad je uzmakao glavu, milovanje se, iako u vazduhu, nastavljalo istim kratkim pokretima.

»Grušenjka Ivanovna, on te ne želi blizu sebe.«

Žena je pogledala tužioca, zatim gomilu u sudnici, i okrećući se čekinjavom čoveku, mrkog pogleda, kao umirućoj ptičici na svom dlanu – izustila: »Zar ne znate?... On je moje čedo?«

1

Ništavilo smrti

Pošto je francuski službenik, koji je na toploj alžirskoj plaži bez vetra, ubio jednog Arapina, osuđen da mu »glava bude odrubljena na javnom trgu u ime francuskog naroda«,[1] kapelan je ušao u osuđenikovu ćeliju. Merso je, ne želeći da razgovara s njim, odmah rekao da ne veruje u Boga. Kapelan, katolički sveštenik, molio ga je da ponovo razmotri svoju odluku, pitajući ga da li zaista očekuje da kad bude umro to stvarno bude to.

»Da«, odgovorio je Merso.

Kada je sveštenik zatražio da u tamničkom kamenju pronađe »lice Božje«, Merso je odgovorio da je jedino lice, koje je on tražio, bilo »lice boje sunca koje je izražavalo vatrenu strast, lice njegove bivše ljubavnice; ali ne samo to«, rekao je, »mnogo manje božanskog proizlazi iz kamenja koje se znoji«.

Kada je sveštenik ponudio da se moli za njega, Merso ga je uhvatio za okovratnik i povikao da su sve te njegove sigurne činjenice manje vredne od jedne vlasi na glavi žene, da su svi ljudi, čak i sveštenik, osuđeni, tako da uopšte nije važno kada i kako, jer će svi sigurno umreti – pa kakvu, onda, to razliku čini. Nikakvu, vikao je Merso, bilo da su nevini ili krivi, bilo sa kim da su u braku, bilo čiji da su prijatelji, ništa nije važno! Pošto su čuvari odvukli Mersoa od sveštenika i kapelan otišao, zatvorenik se smirio i zadremao pre nego što su ga probudili zvuci noći:

»Do mene je dopirao šum polja. Mirisi noći, zemlje i soli osvežavali su mi slepoočnice. Čudesan mir ovog uspavanog leta ulazio je u mene kao plima. Pri kraju noći zavijale su sirene. Objavljivale su odlazak u svet, prema kome sam sada bio zauvek ravnodušan... u ovoj noći prepunoj znamenja i zvezda, ja sam se prvi put predao onoj prijatnoj ravnodušnosti sveta.«[2]

Ovaj prizor iskopan iz poslednjih uzdaha *Stranca* izrazio je otuđenje Albera Kamija od onoga što je on nazivao »tim apsurdnim, bezbožnim svetom«[3] koji nas progoni svojom prisnošću značenja i smisla, pa ipak – okrećući se brzinom od 1.600 kilometara na sat – kreće se prebrzo da bismo mogli da se priljubimo uz njega i na njemu shvatimo bilo šta. Svaki pokušaj da pronađemo bilo kakav smisao iz utrobe zemlje, izgleda, daje samo prašinu, crve, ništavilo i prevaru smrti.

Logika je jednostavna i laka; logika nije dovedena do svojih zaključaka. To je upravo ono što je Kami uradio sa Mersoom; uvrnuo je njegovu logiku, kako god gorku, do kraja. I zbog toga Merso nije izrazio uobičajeni ljudski bol. Ljudi retko preziru logiku do te mere (previše je gorka).

Merso je pre ubistva, kada mu je ponuđen bolji posao, rekao da za njega nije važno šta radi »zato što je jedan život dobar kao i drugi«. Kada je njegova devojka zatražila od njega da se oženi njom, on je rekao da »mu je to svejedno i da bi to mogli učiniti ako ona želi«,[4] a njemu stvarno nije bilo bitno da li će uskoro umreti zato »što svet nikada nije ništa značio za njega«.

To su odgovori na papiru – mastilom, tvorevine od papira i mastila – metafora za hladnu logiku, ne za telo i krv, zato što telo i krv znaju da nečiji život nije isto toliko dobar kao drugi život, znaju da je bitno sa kim stupamo u brak, znaju da ovaj svet ima neko značenje čak iako smo nesigurni kakvo je ono, ili zašto je ono baš takvo, ali znaju da ono postoji, mora da postoji.

Prst ima svrhu, oko ima svrhu, uvo ima svrhu, vazduh ima svrhu, Sunce ima svrhu – pa, ipak, da li je moguće da sve te druge i neiskazane »svrhe«, tako konačno i veličanstveno isprepletene, imaju svoj vrhunac u nesvrhovitosti i besmislu? Usklađenije od Bahove Fantazije, složenije od Boleanske algebre, i po dimenzijama dublje od Mikelanđelovog Stvaranja Adama – ovo stvaranje, bez obzira na sve, ima svoj vrhunac u ničemu. »Što nam svet izgleda shvatljiviji«, pisao je poznatim rečima fizičar Stivn Vajnberg, »čini nam se sve besmislenijim«.[5] Međutim, kako toliko mnogo posebnih i opštih pojedinosti ispunjenih značenjem i samih po sebi bogatih namerom – udruženih tako predivno, precizno i sa tako mnogo umetničkog – može da na svom vrhuncu bude jednako potpunom besmislu? To je nalik nizu pozitivnih integrala jednakih nuli.

Najužasniji strah čovečanstva jeste otkriće da nismo pogrešno shvatili značenje, već da ga nema. Prosto smo natrljani onim što je Južnoafrikanac Laurens van der Post nazvao »teretom besmisla«,[6] podmuklim nagoveštajem da smo nasukani, kao treća stena ohlađene lave od Sunca, u hladan, mrtvi svemir koji će se jednog dana zamotati sam u sebe i uviti u nepostojanje sve ljudske napore, ljubavi, čežnje, snove, koji su plovili po njegovoj površini kao odrazi po oku mrtvaca.

Svemir je većinom prazno mesto (»Večna tišina tih beskrajnih prostranstava«, pisao je Paskal, »ispunjava me užasom.«[7]); i mi sami, naš um, naše telo, sastavljeni su od čestica tako sitnih u poređenju sa razmacima među njima, da su naše najdublje misli kao čestice prašine u opljačkanim katedralama. Ajnštajn je, formulom tako jednostavnom da na dvadeset koraka može da se čita sa nečije majice, dokazao da se čak i malo materije, koja narušava svemir, može pretvoriti u energiju – materije koja je manja od fotona, ništa više. U svetu kvanta, svetu na kome počiva sve što je fizičko, realnost je tako neodređena, zamagljena, tako statistična i spektralna da fizičari postavljaju pitanje da li je bilo šta realno.

Nije čudo što se čovek plaši svog besmisla; on ima dobre razloge za to. »Elementarni zakoni«, pisao je Valt Vitman, »nikada se ne izvinjavaju«.[8] Sigurno, nikada to ne čine baš nama.

Pa, ipak, nešto nagriza ovu auru besmisla, nešto se lepi za našu svest kao karamel bombona za naše zube, aludirajući (ali nikada *više* od aludiranja) na formulu iza vrenja u našem stomaku. Ako ništa drugo, »postojanje« samo po sebi sadrži koncept »značenja«, jer postojati jeste značiti, čak iako je značenje nepoznato i nesaznatljivo. Značiti *ništa,* još uvek, ostaje značiti.

Da li, ipak, ima ičeg goreg od toga? Osetiti srcem nameru i ne moći umom saznati tu nameru; ili, nalik Mersou, poreći sasvim tu nameru, čak i kad nam je ona šaputana iz grla dubokih ruža, koje iščezavaju u tamnim vetrovima, čak i kad ona prosijava pred nama u snovima otplavljenim svežom jutarnjom svetlošću, kad nam se podsmeva u geometrijskoj preciznosti prelamanja zraka, ili kad nam dovikuje svojim grlom zadebljanim od bezinteresnih dela ljubavi i milosrđa? Samo duša stvorena papirom i mastilom, kao Mersoova, može da zanemari sve ove nagoveštaje i da se pomiri sa »prijatnom ravnodušnošću sveta«; ali duše od krvi i mesa – ne mogu. Svet, znaju one, nije prijatan ni ravnodušan, već ih sažaljeva što gube borbu protiv gravitacije (najslabije od četiri sile u prirodi), koja ih stalno i nemilosrdno vuče naniže, prema zemlji, i što je bliže zemlji jača je njena vučna sila, i konačno u grobu najjača.

Međutim, naniže, prema zemlji, jeste mesto, kaže Niče, kome pripadamo zato što ništa drugo, bilo gde za nas ne postoji, naročito iznad zvezda. »*Ostanite Zemlji verni, braćo moja*«, proglasio je njegov Zaratustra, »i ne verujte onima koji vam o drugim nadama sveta govore.«[9] Iako je najveći greh nekada bio greh protiv Boga, »Bog je umro« i, po rečima Zaratustre, »sagrešiti protiv Zemlje je sada nešto najužasnije, kao i razmišljati o utrobi nečeg nesaznatljivog i višeg nego što je značenje Zemlje«.[10]

Za Ničea situacija je bila jednostavna: »U hrišćanskog Boga prestalo je da se može verovati.«[11] Iako je bio otvoreni ateista i mrzitelj hrišćanstva (jednom je čak sebi nadenuo ime Antihrista), Niče je, bez obzira na sve to, predvideo duboke i strahom ispunjene posledice ovog gubitka vere. On je shvatio da Zapad ne može da se odrekne hrišćanskog Boga i nastavi kao da se ništa epohalno nije dogodilo. Crkve će postati muzeji, krstovi muzejski eksponati, a sveštenici prodavci cipela – to je za njega bilo sitno, jednostavno krš, ništa više od toga. Umesto vere Niče je uvideo da sve što je podupiralo ovog Boga, sve što se izraslo na ovom Bogu i Njegovim moralnim zapovestima, sve što je hranilo na ovom Bogu i Njegovim obećanjima i sve što je podrazumevano samo po sebi u odnosu prema ovom Bogu i Njegovoj suverenosti – sve će se to srušiti ostavljajući horde izbeglica sahranjene pod telom božanstva koje se raspada. (»Bogovi se isto tako«, pisao je Niče,

»raspadaju«[12]) i koje će se hladno čudovište, koja paklena zver, podići iz tih ostataka?

Bog za Ničea nije samo Bog mrtav; za njega su sve metafizike mrtve, sva verovanja u bilo koji dolazeći meta-narativ, u bilo koju transcendentnu vezu koja sve može da poveže i isporuči celinu u urednom, matematički preciznom paketu, verovanje u bilo koju koncepciju božanskog uređenja sveta. Sve je to nestalo, ubijeno od onih koji su vekovima pomamno isisavali život, nadu i smisao iz ove naduvane utrobe. Istina, kazao je Niče, nije bila ništa osim kanonizovanih iluzija, okamenjenih metafora i predanja koje su postale kulturološke zavisnosti i etničke navike. Jedina istina koja je preostala jeste da nema Istine, jedina sigurnost da nema sigurnosti. Nikakva večna harmonija nije se oglašavala u sferama, već samo povremeni neskladni tonovi, udarci i ritmovi koji se odbijaju kroz interzvezdani haos kao klavir zavitlan niz stepenice.

»Kako bismo bili u stanju da ispijemo more«, upitao je Niče (rečima ludaka koji, sa fenjerom u ruci, istrčava na pijacu). »Ko nam je dao sunđer da izbrišemo ceo horizont? Šta smo uradili kad smo raskovali lanac kojim je ova Zemlja bila povezana sa Suncem? Kuda se ona sada kreće? Kuda se mi sada krećemo? Dalje od svih sunaca? Zar stalno ne poniremo? Unazad, u stranu, napred, u svim pravcima? Da li su ostali neki pravci nadole ili nagore? Zar nismo zalutali kao kroz beskrajno ništa? Ne osećamo li dah praznog prostora? Zar nije postalo hladnije?«[13]

Vekovima su se naši preci peli strmim stepenicama zigurata da bi bili bliže zvezdama i tako postali sposobni da bolje razluče tajne skrivene iza tih hladnih, udaljenih vatri. Danas su refraktori i reflektori pokazali da su ti isti bezosećajni plamenovi tako daleko od nas da postoji sasvim mala verovatnoća za pronalaženje istine o sebi iz njihovih epicikličnih prstenova. To je razlog Zaratustrine naklonosti onima »koji ne traže prvo iza zvezda«.[14] Zvezde su nepristupačne i, da čak možemo dosegnuti tako daleko, tamo sada više ničega nema za nas. Smisao, namera, istina, ako ih treba pronaći, moraju se iskopati iz zemlje, ili dogovoriti kao lažirana utakmica među nama samima zato što je Bog mrtav – »a mi smo ga ubili«, optužio nas je Niče.[15]

Aristotel je pisao da ne možemo da shvatimo bilo šta ako ne shvatimo njegove uzroke; to svakako podrazumeva i postojanje čovečanstva. Čovečanstvo je u većini, pre jednog i po veka, za sebe smatralo da je, bilo na jedan ili drugi način, proisteklo od Boga; sada je počelo da sebe posmatra kao proizvod laganog izvlačenja kandžama iz životinjske kože i mučnog oslobađanja iz kostiju primata neupućivanih u život. To je seizmički pomak shvatanja u ljudskom samorazumevanju, pogledati se u ogledalo i – pre nego videti sliku Gospoda Boga Jahvea, Stvoritelja neba i Zemlje – videti kako u naše lice, umesto toga, bulji poslednja mutacija prirodnog odabiranja. Ovaj redigovani odraz, i sve što on čini ljudskom egu i osećanju samovrednosti, sadrži (Niče je to jasno video) tvrdnje sa kolosalnim posledicama.

Nije samo on video rezultate ovog novog razvoja. Žan Pol Sartr, najuticajniji ateista dvadesetog veka, rekao je da »je veoma uznemiravajuće što Bog ne postoji, zato što sve mogućnosti za pronalaženje vrednosti na nebu ideja iščezavaju zajedno sa Njim; više ne može biti a priori Dobra, zato što više nema beskrajne i savršene svesti da ga smisli«.[16] Filozof Bertrand Rasel je zapisao da su »mnogi tradicionalni moralni koncepti teški za objašnjavanje, a mnogi tradicionalni moralni koncepti teški za opravdavanje, osim pod pretpostavkom da postoji Bog ili Svetski Duh, ili makar imanentni kosmički Cilj«.[17] Ateistički apolog sa Oksforda J.L.Meki raspravljao je o tome da »moralna svojstva sačinjavaju tako neobičan niz osobina i odnosa da je veoma bezizgledno da se izdignu u običnom poretku događaja bez ikakvog svemogućeg boga koji bi ih stvorio«.[18] (Meki je svoj problem rešio tako što je porekao sva moralna svojstva.) Fjodor Dostojevski postavljao je pitanje odakle bi u bezbožni svemir došao moral? (Ili, kako je veliki pisac učinio da Miša Karamazov to izrazi: »A ti ćeš, rekoh, bez Boga, još i podići cenu govedini, samo ako ti se da prilika; i zaradićeš rublju na kopejku.«[19]) Istina, ili Dobro (šta god da ti izrazi danas znače), više ne prožimaju svet kao Pitagorina teorema, Zakoni termodinamike, ili Plankova konstanta; moral nije nalik Opštoj ili Posebnoj teoriji relativnosti, osnovnim činjenicama stvarnosti koje su hiljadama godina čekale da ih Albert Ajnštajn kao zaključke izvuče iz vazduha. Umesto toga moral je subjektivan i ličan kao otisci prstiju, možda jednostavna zbirka kulturoloških i ličnih predrasuda više zavisnih od odnosa u detinjstvu nego od transcendentnih normi.

Više ne postoji »treba da«, ostalo je samo »jeste«, i iz toga »jeste« nikakvo »treba da« nije moguće apsolutno izvući. Sa Bogom koji je mrtav, moralno saznanje više ne može da postoji, samo moralno *verovanje*. Moralnost je nešto preferencijalno kao izbor Betovenove Treće simfonije pre nego pesama Dejvida Bovijea, ili pljeskavice pre nego big meka. O vrednostima se prosuđuje prema njihovoj korisnosti i upotrebljivosti; »dobro« čini da vozovi saobraćaju na vreme, »zlo« je uzrok njihovog kašnjenja. Ili na još manje osnovnom nivou »dobro« je ono što vam se sviđa, a »zlo« ono što vam se ne sviđa. Ljudska osećanja (a ne božanske zapovesti), ljudski apetiti (a ne sveti tekstovi), kao i ljudske želje (a ne religiozni nalozi), to je suština od koje je sačinjen moral – dobro i zlo, pravo i pogrešno – zato što ne postoji ništa drugo. Istina je horizontalna, ne vertikalna; ona je fizička, nije duhovna; potiče od mitozne deobe ćelija, testosterona, i metabolizma belančevina, ne od Oca, Sina i Svetoga Duha. Vrednosti moraju da budu izgrađene među nama samima, izvađene iz kipućeg kotla ljudskih strasti, telesnosti i snova, a ne otkrivene od strane neke kontemplativne sveprisutnosti na nebu. Kao igrači u igri, sami stvaramo pravila, dok dalje napredujemo; i moramo tako, jer nam primati nisu ostavili nikakva detaljnija uputstva.

Naravno, Bertrand Rasel, Fridrih Niče, Žan Pol Sartr i J.L. Meki znali su da je pogrešno mučiti malu decu. Mnogi ateisti i sekularisti bili su, još uvek su, i biće »dobri« ljudi; povremeno čak i »bolji« od svojih religioznih kopija. (Pre svega, kada je poslednji put neki skeptik vezao oko sebe što je mogao više eksploziva i ukrcao se u gradski autobus?) To što ateisti i sekularisti mogu da stvore unutrašnje koherentne moralne sisteme nije predmet našeg razmišljanja; predmet je, umesto toga, ono što oni *ne mogu* – a to je da izvedu unutrašnje koherentan moralni sistem zasnovan na bilo kakvom transcendentnom ili nepromenjivom apsolutu zato što, tvrde (često bezuspešno), da nijedan takav ne postoji.

Sistem je stabilan isto koliko i njegova osnova. Zašto graditi kuću na ružičastim slonovima kad je ne može srušiti ništa drugo osim purpurne kornjače? Mi radimo samo sa onim što nam je dostupno, a za sekularistu, ateistu, ono što je dostupno je samo uslovljeno, relativno, ljudsko, ništa više zato što i nema ničega više.

Ako su vrednosti izvedene iz života čovečanstva, iz ljudskih potreba, iz ljudske prirode, samo iz ljudskih želja, zbog toga što su te potrebe, prirode i želje promenljive i prolazne – svi moralni sistemi zasnovani na njima moraju biti isti takvi. Možda je to dobro; možda vrednosti treba da se menjaju zajedno sa željama i potrebama; možda moral i treba da fluktuira sa vremenom ili Mesecom; možda i ne treba da postoje moralni aksiomi, samo moralne hipoteze, ne moralni imperativi, samo moralna naslućivanja, nikakve moralne naredbe, samo moralne težnje. Možda je istina više poetska nego geometrijska, više hormonalna nego metafizička, više nalik vetru nego stenama. Ako je to tako, svako će morati da prizna da bi, u specifičnim okolnostima, mučenje male dece moglo biti moralno ispravno. Ko bi sa konačnom sigurnošću mogao reći da je to pogrešno, kad postupajući samo na temelju uslovnog i relativnog, ti i ne možeš da kažeš ništa drugo osim uslovnog i relativnog?

Dostojevski se sa ovim pitanjima rvao tako vatreno da su stranice njegovog *Zločina i kazne* naprosto slepljene od znoja njegove moralne uznemirenosti. Sofija Semjonovna Marmeladov postaje prostitutka da bi ishranila svoga brata i sestru koji umiru od gladi. Rodion Ramonovič Raskoljnikov ubija gadnu, pakosnu, staru lihvarku i krade njen novac da bi pomogao svojoj majci i sestri, unapredio svoje studije i postao neko veliki ko će se posvetiti »služenju čovečanstvu i opštoj stvari«.[20]

Da li su ta dela, data u intenzivnim okolnostima koja ih uokviruju, pogrešna? Da li je Rodion Ramonovič bio u pravu kada je rekao da je »jedno zlodelo dozvoljeno, ako je glavni cilj ispravan, usamljeno posrnuće nasuprot stotine dobrih dela«![21] Ako nema Boga koji je nametnuo jedan nepromenljivi moralni poredak svemiru, na osnovu čega se kategorički, mogu osuditi ubistvo i prostitucija? Koji autoritet, sasvim opravdano, može da nametne ove moralne ograde svim nezavisnim ljudskim dušama?

Država? Možda. Pa ipak, od onoga što nameće, država može i da oslobodi. Ako su moralne vrednosti stvorene samo iz političkih namera, tada one tehnički nisu ništa različitije od uredaba o plaćanju poreza, ograničenju brzine ili znakova »ne gazi travu«. Ako država (bilo preko politbiroa ili plebiscitom) odluči da su ubistva starih lihvarki da se pomogne majkama i sestrama, ili prostituisanje da se nahrane gladna deca, sasvim zakonita i ispravna, ili čak moralna dela – ko će reći da su ona pogrešna, i sa kojim će opravdanjem bilo ko to moći da kaže? Pošto joj je brat Polinik, ubijen u pobuni, Antigona je pogazila zapovest tebanskog kralja Kreona kojom je naredio da joj brat ne sme biti sahranjen. Kada je izvedena pred Kreona, koji je želeo da sazna zašto je prekršila njegovu zapovest. Antigona je odgovorila:

»Ta valjda ne dade mi Div tu naredbu
ni Pravda, sustanarka donjih bogova,
što ljudima ove postaviše zakone.
Ne smatrah tako jakom tvoju naredbu
da božje, nepisane, stalne zakone
preteći može...
Od danas nisu oni, ni od juče – ne,
no večno važe...«[22]

Da li je Antigonin (ili bilo čiji) brat zasluživao dostojanstvenu sahranu, ili je njegovo (ili bilo čije) telo trebalo ostaviti pomamnom apetitu pasa i ptica? Ako je zasluživao sahranu, zašto ju je zasluživao? Na osnovu čega to nešto prevazilazi *kraljevu* naredbu? Da li neke moralne uredbe, neki »nepisani nebeski zakoni« određuju da on (ili bilo ko drugi) mora da bude sahranjen? Ili su, u stvari, Antigonini »božanski zakoni« ništa drugo do kodifikovane tradicije i kulturni trendovi koji su postali »istina« ni na koji drugi način nego neprestanom upotrebom u svakodnevnom životu, kao crveno svetlo na semaforu za zaustavljanje, a zeleno za slobodan prolaz?

Ako moralnost ne prevazilazi ljudsko, čak i ljudsko izraženo u državi, tada je Hitlerovo ubijanje hiljada Jevreja pod nacističkom okupacijom bilo moralno *zato što je bilo legalno*. Tvrditi da se suprotilo internacionalnom zakonu ne rešava ništa. Internacionalni zakon je isto toliko ljudski i subjektivan kao gradski protivpožarni propisi i dekreti Trećeg rajha. Pretpostavimo da su nacisti osvojili svet i nametnuli zakone svim zemljama, zakone koji legalizuju genocid? Internacionalni zakoni tada ne bi bili prekršeni zato što ubijanje Jevreja više nigde ne bi bilo protivzakonito. Kad zakon nije prekršen, nikakav zločin nije počinjen.

Ako, kao što je Sartr rekao, »nema beskrajne i savršene svesti da ih smisli«, nema ni transcendentnih, transnacionalnih i večnih moralnih vrednosti. Kako bi ih i moglo biti? Govoriti o nečemu »večno moralnom« u ovom kontekstu isto je kao i pitati šta se zbiva kilometar severnije od Severnog pola ili na pet stepeni ispod apsolutne nule. To je besmisleno. Ako nema moralnosti pre, ili potpuno nezavisne, od ljudske aktivnosti, tada su moralni pogledi isto toliko ljudski koliko i miris tela. Moralnost postoji samo zato što je ljudi (uključujući i naciste) smišljaju, klešu kao iz stene, i usput opravdavaju, što znači da savremeni ljudi mogu pročitati istinu iz tragova »pancir« tenkova kao što su ih drevni ljudi čitali iz jetre zaklanih ovaca. Kako god bila ekstrahovana moralnost, ona se ne izdiže iznad ljudi, tih bića koja svojim rastom retko prelaze dva metra i deset.

Pretpostavimo da su nacisti udarom svoje propagande uverili ceo svet da je ubijanje Jevreja moralna neophodnost. Koje kriterijume – koristeći sve dostupne izvore u sekularnom, ateističkom *Weltanschaungu*[23] – bi neko mogao da izvuče da bi im se suprotstavio? Može li ono što ceo svet smatra ispravnim biti pogrešno? Dokazivati da genocid koji se suprotstavlja ljudskoj prirodi ovde ne deluje, zato što je holokaust bio središnja tačka za nacističku moralnu viziju; Jevreji su, prema njihovom mišljenju, bili paraziti koji sisaju krv i njihovo postojanje svuda je uniživalo ljudski život i ljudsku prirodu. Za dobro čovečanstva, da bi najbolje bila *sačuvana* ljudska priroda, Jevreje je trebalo istrebiti.

»*Jedino ono što se samo po sebi dokaže svakom čoveku i ženi jeste takvo/ Samo ono što niko ne poriče jeste takvo*«,[24] pisao je Valt Vitman. Ali kako ćeš dokazati nemoralnost onoga što niko ne odriče da je moralno?

Da, to nikako ne možeš, sve dok ne zaživi neka etička norma koja prevazilazi ljudsko, nešto iznad kulture i testosterona, neki sistem vrednosti nezavisan od onoga »što se dokaže samo po sebi svakom čoveku i ženi«, nešto večno, nepromenljivo… čak, možda, božansko?

2

Hemijska dilema

Drvo bez lišća, seoski put i dva beskućnika koja se dovijaju u svom postojanju. Noć je, i sve je obavijeno dubokim velom Zemljine senke. To je sve što je potrebno, duboki veo Zemljine senke, i svet već postaje upola mračniji.

U toj tamnoj polovini, Vladimir i Estragon čekaju tajanstvenu priliku, čije ih obećanje da će doći, usmerava životu.

»On se zove Godo«, pita Estragon.

»Mislim«,[25] odgovara Vladimir.

Dok Vladimir i Estragon stoje, zadojeni dehidriranom nadom da će Godo doći (kao što je obećano) pored njih prolazi čitava povorka ljudske patnje – pogrešnih koraka, geganja nalik guskama, hramanja, sputanog hoda, kao i gaženja drugih. Pošto im je dosadno, ne toliko zbog tog ljudskog bola, već zbog njegove uzaludnosti, oni traže da za promenu urade neko dobro delo, kao što je podizanje slepog čoveka koji se spotakao.

»Vladimir kaže: Hajde na posao! Malo posle sve će se raspršiti i mi ćemo opet biti sami, u pustinjama!«[26] Ali u trenutku dok kreće na posao, Vladimir pada i ne može da ustane.

Uprkos još više izraženim obećanjima da će Godo doći, oni se ponovo naginju prema smrti – ovoga puta planirajući da se obese. Ali pošto nemaju konopac, Estragon uzima vrpcu koja mu drži pantalone i one padaju oko njegovih skočnih zglobova. Da bi probali jačinu vrpce, oni je vuku; vrpca puca i oni skoro padaju. Odlučuju da pronađu bolji konopac i pokušaju ponovo... kasnije.

»Obesićemo se sutra«, kaže Vladimir, »osim ako Godo dođe.«

»A ako dođe«, pita Estragon.

»To će nas spasiti.«[27]

Godo, naravno, nikako ne dolazi; što znači da ni oni nisu spaseni. Naravno, nisu ni predviđeni da budu – što je i razlog zbog koga se od svog prvog izvađenja u pariskom Teatru de Babilon 1953. godine drama Samuela Beketa *Čekajući Godoa* uvek završava sa ove dve zakržljale duše nasukane u postojanju koje mrze, ali ne mogu da ga izbegnu. Nisu ni bili sigurni da bi trebalo da pokušaju da ga izbegnu, zato što su imali obećanje, obećanje da će Godo doći. To što Godo ne dolazi skoro da uopšte nije bitno; ono što je bitno jeste da je obećao da će.

Iako se sastoji samo od crta, tačaka i kovitlaca koji prlja (originalno delo je na francuskom) čistine već osušene šume, reči popularne Beketove drame prerasle su u veoma nemilosrdnu i okrutnu antihrišćansku polemiku sličnu onim danima kad su Volterove otrovne pogrde sa praskom otvarale rupe u klupama evropskih katedrala u osamnaestom veku, upravo iza pobožnjačkih leđa onih koji su ih svake nedelje grejali. Teško je predstaviti bilo kog ozbiljnog hrišćanina koji veruje u Drugi dolazak, a da samog sebe, do izvesne mere, nije sagledao predstavljenog kao karikaturu, u Vladimirovim i Estragonovim patetičnim pokušajima da usklade svoje strahove i sumnje o apsurdnosti patnje koja se razvije kad god se ljudsko telo i duh međusobno približe, mislima o svemogućem Bogu punom ljubavi koji je obećao da će doći, da odvrati nesreću i učini ljude srećnim – ali nije.

Apostol Petar je u Novom zavetu predvideo da će »u poslednje dane doći rugači koji će živeti po svojim željama, i govoriti: gde je obećanje dolaska njegova? Jer otkako oci pomreše sve stoji tako od početka stvorenja«. (2. Petrova 3,3.4) *U redu, Petre, prema tvom savremeniku Jovanu, Isus je obećao »doći ću skoro« (Otkrivenje 22,20) i to je bilo, oko... pre 1900 godina? I posle svih ovih vekova, sve pojedinosti na svetu, pa... mora se priznati, »stoje tako kao od početka stvorenja«. Tako, da bismo bili potpuno pošteni, Petre, rugači su – iz-*

gleda – u pravu. Petar i Jovan možda nikada nisu zamišljali nešto tako daleko kao što je za njih bila 1953. godina; Beket nije morao da je zamišlja, on je u njoj živeo.

Beketova tragikomedija u dva čina nije samo ismevala obećanje, već život bez obećanja, obećanja o nečemu iznad zemlje i uslovljenost njenih darova (jer ono što zemlja daje, ona *uvek* uzima nazad). Šta je gore, pitao se Beket, (možda) lažna nada ili život bez ikakve nade?

Koliko god neprijatna prema Drugom dolasku, drama *Čekajući Godoa* bila je gora za sekularistu; ona mu je veoma nemilosrdno i bezosećajno ogrubela srce, čiji su mu potmuli tup, tup udarci postajali nalik mrzovoljnoj birokratiji, koja postoji samo da bi samu sebe održala u životu. I dok drama podražava i lakrdija otupljeno prikrivanje i prazne imitacije života življenog bez konačne svrhe, Beket postavlja pitanje koje je oduzelo nevinost svakom tihom trenutku za razmišljanje posthišćanskog sveta, a ono glasi: »Kako živeti životom koji nema smisla?«

Glupo, kao što patetični likovi u drami *Čekajući Godoa* otkrivaju. Život je suviše zamršen, suviše složen, suviše ispunjen zamkama, neobjašnjivim zaokretima i neočekivanim trikovima da bi se, sam po sebi, mogao živeti na bilo koji drugi način. Kad ljudi nemaju ključ za smisao svog postojanja, kad uokviruju razređene hipoteze o svom poreklu, kad sve što mogu da rade jeste da pretpostavljaju, i to nezgrapnim pretpostavkama o tome šta smrt donosi (logično, to je najvažnije pitanje od svih, zbog toga što bilo šta da sledi posle smrti to će trajati *dosta* duže od života koji mu je prethodio) – tada nije čudo što ljudi isto tako glupo žive.

»Ne znam ko me je postavio na ovaj svet«, pisao je Paskal (stavljajući sebe u um jednog skeptika), »ni šta je svet, ni šta sam ja sâm. U užasnom sam neznanju o svemu. Ja ne znam ni šta je moje telo, ni moja čula, ni moja duša, niti onaj deo mene koji smišlja ono što govorim, koji razmišlja o svemu i o samome sebi, i ne saznaje sebe ništa bolje nego što zna bilo šta drugo. Vidim kako me užasavajuća prostranstva svemira omeđuju u moj prostor i pronalazim sebe pričvršćenim u jednom uglu ovog ogromnog prostranstva bez znanja zašto sam stavljen baš na ovo mesto, a ne na ono drugo, ili zašto je kratki tren života dodeljenog meni određen da pripadne baš

21

jednom trenutku, a ne nekom drugom od čitave večnosti koja je protekla pre mene i koja će proteći posle mene. Vidim samo beskraj na svakoj strani, kako me omeđuje kao jedan atom ili kao senku trenutka koji brzo protiče. Sve što ja znam jeste da uskoro moram da umrem, a ono o čemu najmanje znam jeste upravo ta smrt koju ne mogu da izbegnem.«[28]

Ovo baš i nije formula za puno, srećno i smisleno postojanje, pa ipak to je sve što ljudski život sam po sebi, od sebe i u sebi, življen samo za sebe, može da izvuče iz samog sebe.»Mi sebe ne možemo«, pisao je Francisko Hoze Moreno,»ni osloboditi izvesnosti smrti niti postići razumevanje života.«[29] Kako je neverovatno da nešto tako osnovno, tako temeljno, kao što je život, ne može čak ni da opravda, a kamoli da objasni svoje postojanje. Većina rođenja nisu najavljivana horom nebeskih bića. Mi ne dolazimo sa uputstvima, objašnjenjima ili opravdanjima zapisanim na masnoći kože naših beba, niti se oni mogu dekodirati iz našeg prvog plača. Mi smo jednostavno, jednoga dana, rođeni; postepeno postajemo svesni samih sebe – bol, strah i glad često su naša prva osećanja samosvesti. Nepozvan, život je naprosto utrapljen onima koji ga nisu tražili, pa ipak ostaje teško vratiti ga ako ga ne želimo, i potpuno je nemoguće zadržati ga da još potraje ako ga želimo. Nama je dato nešto što nismo tražili, planirali ili se sa tim unapred pomirili; nismo sigurni šta je to, šta znači, zašto ga imamo; on je najveća stvarnost i njegove svakodnevne datosti – bol, tuga, gubitak, strah – ostaju njegovi neobjašnjivi pratioci. Pa, ipak, mi prianjamo uz njega vatreno, strasno i instinktivno iako ćemo ga bez izuzetka, i često nakon jadne, gorke i besplodne borbe – izgubiti bez obzira na sve.

Da li je to ljudski život (ili beznadežno gangrenozni ud)?

Drama *Čekajući Godoa* podelila je stvarnost u dve sfere: jednu mehanicističku, ateističku, sekularnu, u kojoj nesvodljive istine postoje samo kao matematičke jednačine sa donje strane pokrenutih kvarkova, koje odjekuju kroz amoralnu simetriju stvarnosti superstringova; druga sadrži duhovnu dimenziju koja prevazilazi samobitno postojanje i oglašava da nesvodljiva istina nema poreklo u stvorenju nego u Stvoritelju. Ili je na prvom mestu, čovek sredstvo, mera, i kraj svega, onaj u kome sve ima svoj vrhunac i opadanje, ili je, na drugom, Bog sve to.

Čovečanstvo je u prvoj postavki subjekat istine, u drugoj je objekat, a ogromna provalija postoji između njih dve. Ovo razgraničenje nije u dvadesetom veku prvi put postavljeno pitanje. »Mi odgovaramo«, pisao je Aristotel, »da ako ne postoje druge supstance osim onih koje stvara priroda, prirodna nauka će biti prva nauka; ali ako postoji nepokrenuta supstanca (njegov čuveni Nepokrenuti pokretač) nauka o tome mora biti iznad svih i mora biti prva filozofija, kao i univerzalna na ovaj način, zato što je prva.«[30]

Ako je mehanicistička, ateistička mogućnost istinita, tada naši odgovori na duge staze, stvarno, nemaju nikakav značaj; kraj je isti za sve bez obzira od koga su ljudi ili šta misle, veruju ili čak čine. Ako je druga mogućnost istinita, naši odgovori su zaljuljani težinom večnosti. Nikada nećemo saznati ako je prvo istinito; samo drugo rešenje nudi nesumnjivu nadu apsolutnog.

Između ova dva centra gravitacije nazire se crna magla. Mogućnost kompromisa, neke ravnoteže, neke vrste hegelijanske sinteze između njih, kao »kraja istorije«, ne donosi ništa (ni na kakvom kraju) i ne može (logično) da postoji. Tu postoji neprelazna udaljenost između Atine i Jerusalima. Ili je jedno ili drugo, ali sigurno ne mogu biti zajednički istinite, ako obe mogućnosti stižu do nas preopterećene svojim unapred stvorenim pretpostavkama, sopstvenim epistemološkim lukavim izbegavanjima i svojim skokovima vere iza sirove, tvrdokorne i tvrdoglave logike. Epistemološka arhitektura i jednog i drugog pogleda je tako tesno isprepletena, tako savršeno upakovana i konačno podešena da čak i njihove najvernije pristalice ne mogu da preskoče preko nekih njihovih slobodnih nevezanih krajeva ili udare na grube i neobrađene rubove. Bez obzira kako stopljen sa svojim verovanjima, ili koliko toplo i udobno opravdanje postoji za njih, to su još uvek *samo* verovanja – subjektivni susreti sa fenomenima[31], samo i jedino mišljenja zauvek umrljana onim što je utkano u gene tih mišljenja prilikom njihovog nastanka ili onim što se penilo u utrobi mislioca u trenutku razmišljanja. Verovanje, konačno, nema veze sa istinitošću ili lažnosti svog objekta. Bez obzira koliko bilo vatreno, pandemično, ili nepopravljivo, verovanje ne može da učini laž istinitom ni istinu lažnom. Ono što je laž nikada nije ni postojalo, čak i kad smo krajnje odano verovali da jeste; istina, nasuprot, ostaje istinita dugo pošto smo prestali da u nju verujemo.

Samuel Beket je, sa svojih pet nezavidnih likova na otvorenoj sceni, dramatizovao najneposredniju dilemu Zapada: Pošto je Bog je mrtav, gde je to ostavilo sve one stvorene po Njegovom obličju? Prema Beketu ostavljeni su između dve čvrste sputanosti: Hristos nije došao – to je bila jedna, a tužno postojanje koje nam je palo u deo zato što nije – druga. Čovečanstvo je između ovih okrutnih udesa okovano u čvor iz koga nema izbavljenja. Kako se i može izbaviti kad je čvor sam po sebi sačinjen od celokupne realnosti, kad je izatkan od svih mogućnosti i kad je učvršćen nesvodljivom logikom.

»Tu ne pomaže ništa«,[32] mrmlja Estragon zato što i nema *šta* da se *radi*, zato što, otvoreno govoreći, i ništa ne *može* da se uradi – ne u bezbožnom svemiru u kome naš najnepopustljiviji i najbeskompromisniji neprijatelj ne prihvata predaju i ne uzima zarobljenike nego mitraljira, gađa i bombarduje, dok se svaka naša ćelija ne uruši i sve u njima ne pokvari i osuši. Smrt je neprijatelj koga ne možemo uloviti, napasti i uništiti zato što je sačinjena od onoga što smo mi sami. U naturalističkom, jednoznačnom svemiru, šta je život, šta je smrt, nego različite mešavine istog jela. Živi su samo pubertetska verzija mrtvih.

Od Protagore, koji je živeo u pretsokratovskom periodu, i koji je rekao: »Što se tiče bogova ja nemam mogućnosti da znam da li postoje ili ne. Jer mnoge su prepreke koje smetaju znanju; i tajnovitost pitanja i kratkoća ljudskog života«,[33] sve do *apriornih* materijalističkih pretpostavki savremene nauke – bezduhovni, naturalistički pogled na svet imao je dugu (po tome što se proteže daleko u prošlost), ali tanku (po tome što je malo ljudi pristajalo uz njega) istoriju. Tokom hiljada godina, samo u poslednjih stotinu (nešto manje, u stvari), po dokazima klimava i tanka, ali po elitizmu i izdvojenosti svojih pristalica široka, perspektiva sekularizma nagnula je čitavu zgradu zapadnog mišljenja, a njeni kulturološki, naučni i intelektualni poslenici propovedali su je sa žarom krstaša koji pljačkaju, siluju i plene na svom putu prema Svetoj zemlji. Začet u ruševinama Kromvelove revolucije sedamnaestog veka, rođen u plodnim idealima prosvetiteljstva, zadojen boginjom razuma, iškolovan u pariskim *salonima* i nesvesno ohrabrivan, čak opravdavan, od onih urešenih Hristovom duhovnom odećom, ali koji su, umesto toga, pred sebe bacali senke hladnih mračnih anđela – sekularizam je sazreo samo u dvadesetom veku u kome je tako preplavio zapadnu kulturu, da bismo naprosto morali da se popnemo iznad svojih očiju da bismo podrobno sagledali šta je sve učinio našim umovima.

Stotinama godina ljudi su presecali grlo jedni drugima zato što nisu mogli da se slože oko toga šta to Bog čini sa njima nakon što im je grlo presečeno; danas, za tako mnogo ljudi, na tako sistematski, proračunat i naučni način dokazivati da nema Boga koji nam bilo šta čini (bilo pre ili posle nego što prekoljemo jedni druge), i čak pomaći osnovu celokupne civilizacije na toj premisi, predstavlja radikalnu promenu. Nikada ranije nije postojao tako raširen, institucionalizovan i intelektualno plodan pokret za objašnjenje stvaranja i sve ono što je zasnovano na njemu (život, smrt, moralnost, zakon, smisao, ljubav, bilo šta) – bez Stvoritelja.

Zašto se mučiti sa tekstovima mrtvih kad postoji naučnost živih? Šta Jeremija, Isaija i Pavle mogu reći onima koji su podizani na Njutnu, Ajnštajnu, i Hajzenbergu? Zar *Principia* ne narušavaju Apokalipsu? Kome je važan Gospod Isus koji se, tokom stvaranja, nadneo nad dubine bezdana, kad je i Darvin učinio to na svom brodu H.M.S. Bigl?

Umotan u savršeno precizne brojeve (kao suprotnost Psalmima kod kojih nisu važni brojevi), izražavan od naučnika (a ne mrtvih proroka) i tumačen kroz univerzalno proverljive teorije (ne kroz neproverljive priče iz iščezlih kultura) – sekularni pogled na svet širio je oko sebe auru objektivnosti, potvrđivanja i pokazivanja na primeru koji je (bar do sada) izvan domašaja religiozne vere. Posebna teorija relativnosti je uživala dokaze koje Hristova smrt i vaskrsenje nisu. Artur Stenli Edington[34] je 29. maja 1919. mogao da usmeri teleskop prema jednoj elipsi i dokaže da sila gravitacije stvarno (isto kao u teoriji) savija svetlost. Ništa nije bilo usmereno prema nebu, prema Zemlji, ili u bilo kome smeru što je dokazivalo, takvom proverljivošću i empirijskom objektivnošću, da je Hristos Božji Sin koji je na krstu prolio svoju krv kao otkupljenje za greh. Ljudima je potrebna vera da sa poverenjem mogu da prihvate ono što će se zbiti »ujedanput, u trenuću oka u poslednjoj trubi: jer će zatrubiti i mrtvi će ustati neraspadljivi« (1. Korinćanima 15,52), ili da »Bog pokazuje svoju ljubav k nama što Hristos još kad bejasmo grešnici umre za nas« (Rimljanima 5,8), ali vera nije potrebna kod tvrdnji da »za svaku akciju postoji jednaka i suprotna reakcija« ili da »se sila gravitacije između dva objekta smanjuje kvadratom razdaljine među njihovim centrima«. Brojevi (naročito oni poređani u formule) dolaze odenuti inherentnom stabilnošću, usmerenjem i stalnošću koju reči, fluktuirajuće, pojedinačne i promenjive (kako god poređane) ne mogu nikada nositi. Poletarac, po svom relativno kratkom životu, a uskogrud i materijalistički, naučni pogled na svet je, bez obzira na sve, učinio da vreme radi za njega, iako su se njegove potemkinovske veze pokazale ne samo neodgovarajućim, već su vezale vreme čvorovima, koji su se polako rasplitali, jer su petlje bile aljkavo i jadno vezane.

I stvarno, i pored peana[35] u slavu trijumfa naučnog racionalizma, njegova pobeda nikada nije udružena ni sa čim drugim osim sa samim sobom i svojim dogmatskim pretpostavkama. Podesnost, u stvari, nije ispala onakva kako je poučavano i, što duže, kao pokrov, prekriva svet, tkanina tog pogleda postaje sve pohabanija dok se, na kraju, stvarnost ne probije kroz njeno tkanje. Da, svakako, svet pred našim čulima prosijava kao materijalan; da, svakako, racionalno mišljenje rešava jednačine i pomaže da avioni lete; da, svakako, nauka jeste secirala atom i konstruisala svemirske brodove. Pa, ipak, te činjenice ne dokazuju da materijalizam, racionalizam i nauka sadrže potencijal, ili čak oruđa, da objasne celokupnu stvarnost ništa više nego što klasična fizika sama po sebi ne može da objasni pobedu Brazila na Svetskom prvenstvu u fudbalu 2002. godine.

Postoji nešto oko Tenisonovog *Enoh Ardena* ili Bajronovog *Don Žuana* što prilazi dimenziji za koju je nauka suviše glomazna, suviše teška, suviše široka da bi ušla, dimenziji u kojoj je razum suviše ozbiljan, tvrd i nesavitljiv da bi u nju ušao. Jednačine, hladne, mrtve i statične sasvim neodgovarajuće objašnjavaju stvarnost bogatu strašću, ponesenošću mislima i žustrošću kreativnosti. Koji algoritam može da objasni strasnost *Kralja Lira*, koja formula gugutanje goluba, koji zakon nagoveštaje Van Gogovog *Belog polja sa vranama*? Teorije i formule, principi i zakoni ne čine da zvezde sijaju, vrapci lete, ili majke hrane svoje mladunce ništa više nego što bi se urezivanjem simbola $E=MC^2$ na komadu prečišćenog urana mogla izazvati atomska eksplozija.

Kako god bila velika naučna postignuća u nekoliko prošlih stotina godina, nešto je iskonsko, osnovno i suštinski ljudsko bilo usput izgubljeno. Između reči Isaka Njutna:»O, Bože, ja pomišljam Tvoje misli za Tobom!« i Hokingovih[36] (a koji, usput, predaje na istoj katedri u Kembridžu na kojoj je Njutn predavao):»Ljudski rod je samo hemijska pena, na planeti osrednje veličine koja se kreće oko prosečne zvezde po spoljnom rubu jedne među stotinama milijardi galaksija«,[37] cela jedna dimenzija, koja nije mogla da stane u eksperimentalne epruvete ili se uklopi u formule, bila je otpisana, i odbačena kao da ne pripada prirodi, ražalovana sa položaja stvarnosti i svedena na mit, pomerena iz stvarnog sveta u um. Po ovoj novoj računici Nebo je – umesto da bude prestonica svemira – bilo razbijeno, a komadi razdeljeni i fragmentovani u ništavilo koje se nestalno pomalja kroz mitove rasejane u ljudskoj mašti. A Bog, koji je nekada vladao na tom Nebu, sada se, umesto toga, povukao – dvaput uklonjen sa tog prestola (stvorenog od stvorenja koje je jednom On sâm stvorio).

Nije samo božansko bilo iskrivljeno i ražalovano da bi se uklopilo u okvir koji je u proteklih stotinu godina označio granice celokupne stvarnosti. Čitavi aspekti ljudskog postojanja naučnim racionalizmom i materijalizmom bolno su sabijani u posude, koje ništa bolje ne mogu da ih drže nego kutije cigareta miris anđela. Etika i ljubav, mržnja i nada prevazilaze ne samo Periodični sistem elemenata nego i sve druge od 112 aspekata stvarnosti koje Sistem predstavlja. Np, Am, Ar, Kr, Xe, Os, Re, Tc, Cs, Ba, Si i 101 ostalih – bez obzira kako mikroskopski tačno usklađeni i u određenim proporcijama – ne mogu potpuno da objasne hrabrost, umetnost, strah, velikodušnost, altruizam, mržnju, nadu i strast, a praviti se kao da mogu značiti isto što i poistovetiti Pavarotijevo pevanje u *Seviljskom berberinu* /Il Barbiere di Siviglia/ sa podrigivanjem. Pogledu na svet koji je ograničio svoj svet, i svoj pogled, samo na racionalizam, materijalizam i naučni ateizam, nedostaje sve ono što je iznad njega – a što je tako mnogo našeg, onoga što jesmo, onoga čemu se nadamo, čemu težimo, što sebi predstavljamo, o čemu sanjamo, smejemo se, plačemo, što volimo, radujemo se i proslavljamo, onoga zbog čega živimo i spremni da umremo. Hemijska pena se ne nadnosi u razmišljanju da bi shvatila niže svetove, ne zamišlja večnost, ne piše *Hamleta*, ne plače nad bolom drugih, ne izaziva uzvišeno, ne želi besmrtnost, ne traži Dobro, i ne voli (ni uslovno ni bezuslovno). Mora se priznati da su formule i hemijski elementi deo toga – da, naravno; ali da predstavljaju jedinu njihovu suštinu – to nikada. Smatrati da je predstavljaju znači potčiniti se najnižem i najjeftinijem imenitelju.

U stvari, u materijalističkom, hemijskom i mehanicističkom svetu kako uopšte ljudi mogu biti moralno odgovorni? Ako nas kontrolišu samo fizički zakoni, mi smo kao vetar, kao sagorevanje. Bilo koje društvo zasnovano na samo materijalističkim premisama mora dozvoliti da sve njihove ubice, nasilnici nad decom, lopovi, siledžije i svi drugi prestupnici budu oslobođeni zato što smo mi mašine, a ko može da pripiše moralnu krivicu nekom mehaničkom uređaju? To bi bilo isto kao i suditi automatu uzi zbog ubistva. Nijedno društvo, čak ni ono sa površinskim sjajem sekularizma, ne dozvoljava takvu moralnost usvojim krivičnim zakonima, osim među umno poremećenima. Tako da ono što društvo kaže, u najmanju ruku implicitno, jeste da kada bi naučni materijalizam bio istinit – svi bismo morali da budemo ludaci. Svaka kultura i svako društvo odriču se tvrdokornog materijalizma, verujući umesto toga da smo moralno odgovorna bića, a ne bića manipulisana determinističkim fizičkim silama izvan naše kontrole. Mi smo nadahnuti, očigledno, nečim većim od onoga što u ovom trenutku čulima zapažamo – čak iako ne znamo čime, ili kako to deluje, nego samo znamo da postoji, da je stvarno i da bez toga ne bismo bili živi, ne bismo bili slobodni i ne bismo bili ljudi. Kant je dokazivao da već samo delo razmišljanja po sebi nadmašuje prirodu, prevazilazi osećanja, gazi nagone i potiskuje instinkte. Kako bismo i mogli pomisliti transcendentne misli kad ne bi postojalo nešto o nama iznad prirode, nešto veće nego što je zbir naših hemijskih jedinjenja, nešto više u našim umovima od vlažnog mesa koje pulsira? Mogu li posledice biti veće od svojih uzroka? Mogu li hemijska jedinjenja, bez obzira kako složena, misliti, voleti i strahovati? Da li su Floberova *Madam Bovari* i Avgustinove *Ispovesti* ništa drugo osim pukih hemijskih reakcija? Zar nema ničega višeg kad ljudi maštaju od delića neurotransmitera koji putuju sinaptičkim vezama? Drugačije rečeno: šta um uopšte čini; izlučuje misli kao što jetra izlučuje sastojke žuči?

Mi nismo slavno kamenje; dijamant *Houp* jeste, ali mi ne. Blato, bez obzira kako pažljivo bilo oblikovano i kakva mu kruna bila dodeljena, ne može da stvori žuti narcis, poletnu misao, dečji smeh. Deset hiljada komadića stakla koje cakli bez obzira kako precizno isečeno, pažljivo i do svakog složenog detalja uobličeno, ili besprekorno uklopljeno, ne može stvoriti leptirov ples na vetru; ne može stvoriti ni ples ni vetar. Sve to ne može stvoriti ni leptira koji trune na listu, ni pokrenuti raspadanje, a čak ni list. Sve kombinacije, proporcije i proglasi o skladnim jednačinama svega što nauka, racionalizam i materijalizam kažu da smo mi ljudi, nikada nas ne mogu učiniti herojima ili ljubavnicima; ali zato što su neki od nas baš to – nauka, racionalizam i materijalizam nisu dovoljno široki, oslobođeni i maštoviti da obuhvate ceo svet, a još manje ljudski duh – bez obzira na grandiozne tvrdnje da su to postigli.

»Ono što nauka ne može da nam kaže«, Bertrand Rasel rekao je jednom slušaocima engleskog nacionalnog radija, *»čovečanstvo ne može da sazna«*.[38]

Zaista? Onda ne možemo otkriti ljubav, ne možemo upoznati mržnju, ne možemo poznavati milost, ne možemo poznavati dobro ili zlo, ili sreću, ili umetnost, ili transcendenciju, ili veru, ili ih u najmanju ruku ne možemo poznavati kao bilo šta drugo osim oblike lošeg varenja, povišenog holesterola i upalnog otoka na palcu jedne noge. Međutim, zato što ih *znamo*, kao nešto više, nešto uzdignutije, nešto uzvišenije, takav pogled na svet, kao što je naučni materijalizam, koji nam kaže da ih *ne možemo saznati,* očigledno je neadekvatan, jer nas ne čini ničim uzvišenijim od Frankenštajna Meri Šeling, čoveka stvorenog samo prirodnim sredstvima.

*»*Pored svega preovlađuje jedno neprijatno osećanje*«*, pisao je matematičar Dejvid Berlinski *»*– i ono je *dugo* preovlađivalo – da je vizija čisto fizičkog ili materijalnog svemira ponešto nepotpuna; ona ne može da obuhvati uobičajene, ali neizbežne činjenice iz običnog života.*«*[39]

Isključivi naučni pogled na svet i materijalizam ne mogu da opravdaju ni sebe same, svoje sopstveno postojanje, a kamoli da sve drugo objasne. Austrijski matematičar Kurt Gedel pokazao je da nijedan sistem mišljenja, čak ni naučni, ne može da bude ozakonjen nečim što se nalazi u sistemu samom po sebi. Morate izaći iz sistema, sagledati ga iz različite, veće i šire perspektive da biste ga mogli oceniti. Kako će, uopšte, neko suditi o x, kada je x, samo po sebi, već kriterijum koji je upotrebljen u suđenju? Kako ljudi objektivno mogu da proučavaju svoje razmišljanje, kad, da bi to ostvarili, raspolažu jedino procesom razmišljanja i delom samog mišljenja? Bilo bi lakše u punom trku izuti cipele?

Hiljadama godina razum je vladao kao epistemološki car Zapada, jedini kriterijum za prosuđivanje o istini, monarh čija je reč često smišljala dogmu, kredo, zakon. Šta je bio kriterijum za prosuđivanje tog razuma? Sam razum, naravno! Posle svega, šta drugo neko može da koristi u prosuđivanju o umu nego um sam? Pa, ipak, suditi razum razumom isto je kao definisati svet koristeći sam svet u toj definiciji. To je tautologija, a tautologije dokazuju malo ili ništa. Kako je fascinantno, onda, da razum sam po sebi, taj osnov razmišljanja, i sve posebnosti u savremenom mišljenju – ne može da bude potvrđen.

Problem za naučni pogled i materijalizam jeste kako iskoračiti jedan korak izvan tog sistema, u širi referentni sistem, kad već sistem sâm po sebi tvrdi da daje značenje i obuhvata svu realnost? Šta se događa kada stignemo na kraj svemira? Šta je iza njega? Ako postoji širi referentni sistem o kome može da se prosuđuje (Možda Bog?), tada sistem po sebi ne bi bio sveobuhvatan kao što naučni materijalizam često tvrdi da jeste.

»Ukratko«, pisao je naučnik Timoti Feris, »sada ne postoji i nikada neće postojati potpuni i sveobuhvatni naučni opis svemira koji bi mogao da se pokaže kao punovažan.«[40] Drugim rečima čak i nauka i materijalizam uvek će morati da budu prihvatani … verom?

Šta? Može li biti da su samoj strukturi nauke svojstvena prirodna ograničenja koja sama po sebi zahtevaju *veru*? Zar vera nije nagoveštaj pretpostavke o nečemu što se usavršava izvan oblasti nauke, a celokupna namera nauke jeste da stvari dokaže iskustvom i eksperimentom? Zar koncept vere nije zaostatak iz nekog udaljenog, mitskog, predracionalističkog i prenaučnog doba?

Zato što je zasnovana na materijalizmu, nauka podrazumeva (u najmanju ruku, hipotetički) da sve treba da bude dostupno eksperimentu i potvrđeno iskustvom. Idealno, ne treba da bude mesta za veru u naučnom, sekularnom, materijalističkom svemiru, *pa ipak sama priroda tog svemira ga zahteva.* Kakav paradoks! Isti sistem koji na rečima poriče veru, po svojoj prirodi ga podrazumeva. U materijalističkom i naučnom pogledu na svet, tada, vlada mogućnost za nešto iznad njega, nešto izvan njega, nešto što objašnjava zašto je ljubav nešto uzvišenije od žlezda sa unutrašnjim lučenjem, moral nešto uzvišenije od fizike, lepota nešto uzvišenije od matematike, nešto, možda … božansko?

3

Skok kvantuma

»Tražio sam odgovor na svoje pitanje«, pisao je Tolstoj (posredstvom Konstantina Ljevina u romanu *Ani Karenjina*). »A odgovor na moje pitanje nije mogla dati misao – ona nije u srazmeri sa pitanjem. Odgovor mi je dao sam život kroz moje znanje onoga šta je dobro a šta je rđavo. A to znanje ja nisam ničim stekao, već mi je dato kao i svima, *dato* stoga što ga niotkud nisam mogao uzeti.

Odakle sam to uzeo? Jesam li razumom došao do toga da treba ljubiti bližnjeg, a ne daviti ga? Kazali su mi to u detinjstvu, i ja sam radosno poverovao, jer su mi kazali ono što je već bilo u mojoj duši. A ko mi je to otkrio? Razum, ne. Razum je otkrio borbu za opstanak, i zakon koji zahteva da se uništavaju svi koji ometaju zadovoljenje mojih želja. To je zaključak razuma. A ljubav prema drugima nije mogao otkriti razum, jer je to nerazumno.«[41]

Ljubav prema drugima nije, zaista, ni polovina onoga što se razumom ne može otkriti. Prema apostolu Jovanu (ista ličnost kao i sveti Jovan) Lazar je umro i bio sahranjen u pećini zatvorenoj kamenom. »Isus reče: uzmite kamen. Reče mu Marta, sestra onoga što je umro: Gospode! već smrdi; jer su četiri dana kako je umro. Isus joj reče: ne rekoh li ti da ako veruješ videćeš slavu Božiju? Uzeše dakle kamen gde ležaše mrtvac; a Isus podiže oči gore, i reče: oče! hvala ti što si me uslišio. A ja znadoh da me svagda slušaš; nego rekoh naroda radi koji ovde stoji, da veruju da si me ti poslao. I ovo rekavši zovnu iza glasa: Lazare! iziđi napolje. I iziđe mrtvac obavit platnom po rukama i po nogama, i lice njegovo ubrusom povezano. Isus im reče: razdrešite ga i pustite nek ide.« (Jovan 11,39–44)

U svom Jevanđelju, Luka kaže da kad »beše Isus u jednom gradu, i gle, čovek sav u gubi; i videvši Isusa pade ničice moleći mu se i govoreći: Gospode! ako hoćeš možeš me očistiti,. I pruživši ruku dohvati ga se, i reče: hoću, očisti se. I odmah guba spade s njega«. (Luka 5,12.13)

Marko se seća noći na Galilejskom jezeru sa Isusom: »I otpustivši narod uzeše ga kako beše u lađi; a i druge lađe bejahu s njim. I postade velika oluja; i valovi tako zalivahu u lađu da se već napuni. A on na krmi spavaše na uzglavlju; i probudiše ga, i rekoše mu: učitelju! zar ti ne mariš što ginemo? I ustavši zapreti vetru, i reče moru: ćuti, prestani. I utoli vetar, i postade tišina velika. I reče im: zašto ste tako strašljivi? Kako nemate vere. I uplašiše se vrlo, i govorahu jedan drugome: ko je ovaj dakle da ga i vetar i more slušaju?« (Marko 4,36–41)

Pošto su Petra (to je u Jevanđelju po Mateju zapisano) upitali da li će njegov Učitelj platiti hramski porez, Isus je rekao ovom ribaru: »Idi na more, i baci udicu, i koju prvu uhvatiš ribu, uzmi je; i kad joj otvoriš usta naći ćeš statir; uzmi ga te im podaj za me i za se.« (Matej 17,27)

U četiri različita događaja, opisana od četvorice različitih ljudi, Isus je ipak u svakome od njih otkrio ono što je Konstantin Ljevin naučio – da je istina bogatija, dublja i blistavija od onoga što razum sam po sebi dozvoljava, i da je ograničavanje koncepta realnosti samo razumom isto kao i ograničavanje koncepta »muzike« samo bongo bubnjevima. Svojim rečima (a mnogo više svojim delima), Isus je izložio vidike daleko iznad epistemološke netrpeljivosti zdravog razuma, otkrio stvarnost u kojoj su logika i razum isto toliko od koristi koliko i znakovni jezik gluvonemih među mrtvima, i razvio dimenzije ne samo veće od naših aksioma, već takve koje se svojom beskrajnošću rugaju njihovoj naivnosti i banalnoj konačnosti.

Međutim, tokom prošlog veka fizika je činila to isto, jedino manje milostivo nego što je to činio Isus, a način na koji je to ostvarivala ogledao se u odbacivanju naših najosnovnijih i najumnijih pretpostavki o stvarnosti. Malo je pojedinosti, ako ih uopšte ima, koje je Isus rekao ili učinio, koje su nagomilale tu vrstu intelektualne odbojnosti i umnih oštrih kritika našem konceptu logike, zdravog razuma i razumevanju stvarnosti kao što su to učinile Teorija relativnosti (Opšta i Posebna), kvantna fizika i Teorija super stringova u poslednjih stotinu godina.

Nasuprot prirodnom svetu, svet relativnog vremena, kvarkova, zakrivljenog prostora, metr-talasa[42], desetodimenzionalnih svemira, Hajzenbergove Jednačine neodređenosti, nelokalnosti,[43] ekperimenta dve pukotine[44], mogućih talasa[45], WIMP–a[46], neutrina i interpretacije mnogih svetova – oblast natprirodnog, (oblast koju je Isus naročito otkrio) izgleda sve osim intuitivno saznajne, ako, poređenja radi, i nije lako u nju poverovati.

Uzmimo kvantnu teoriju, jednu od najviše dokazanih, proučavanih i primenjivanih grana savremene fizike. »Kvantna teorija«, pisao je fizičar Pol Dejvis[47], »predstavlja primarno praktičnu granu fizike, i kao takva, veoma je uspešna. Ona nam je podarila laser, elektronski mikroskop, tranzistor, superprovodnike i nuklearnu silu. Jednim udarcem objasnila je hemijske veze, strukturu atoma i atomskog jezgra, provodljivost, mehaničke i termalne osobine čvrstih tela, gustinu kolapsiranih početaka[48] i mnogobrojne druge važne fizičke pojave. Ukratko, kvantna teorija, u svojoj svakodnevnoj primeni, veoma je običan i jednostavan predmet, sa čitavim nizom dokaza i podataka koji se na nju oslanjaju, ne samo u komercijalnim poduhvatima, nego i na području pažljivih i osetljivih naučnih eksperimenata.«[49] Da li je kvantna fizika stvarna, i da li ona deluje, nije pitanje; ona to definitivno jeste i definitivno deluje. Pitanje, umesto toga, jeste: Zašto kvantna fizika ne samo što je uzdrmala sliku koju je čovečanstvo vekovima imalo o svetu, već sve što je pronašla, stavlja natrag u tako neobičnu sliku da naši umovi još nisu izumeli ni dovoljno razumljiv jezik da je objasne?

Na primer, malo pojedinosti bolje objašnjava neprozirnost umovanja i nemogućnost ljudskog shvatanja od u kvantnoj fizici čuvenog eksperimenta dve pukotine. Kamen bačen u bazen sa vodom pravi krugove talasa koji se šire od mesta na koje je kamen pao. Ako talasi odlaze kroz dve rupe, na nivou vode, kroz prepreku koja se graniči sa vodom, talasi će biti manje veličine na drugom kraju obe rupe (zbog toga što se međusobno potiru). Ako su obe rupe dovoljno blizu jedna drugoj, obe smanjene grupe talasa će se udruživati (interferirati) i stvarati sasvim određenu liniju interferencije na zidu suprotnom od prepreke.

I snopovi svetlosti koji idu kroz dve rupe na prepreci čine, u osnovi, istu pojedinost: prave male talase, i (ako su rupe dovoljno blizu) talasi bi se sreli, posle prolaska kroz rupe i, isto kao voda, stvorili tipičnu liniju obrasca interferencije na suprotnoj strani od prepreke (u ovom slučaju na fotografskoj ploči), što se pojavljuje kao serija svetlih i tamnih linija, nešto nalik užim i širim crtama.

Pored snopova svetlosti i pojedinačni fotoni, jedan za drugim, takođe mogu da se šalju kroz rupe na prepreci. Ako je jedna od dve rupe (ili pukotine) zatvorena i jedan foton u tom trenutku pojedinačno poslat da prođe kroz drugu, fotoni će se jednostavno nagomilavati na drugoj strani rupe, kao i kamenje koje se probacuje kroz rupu u zidu i svo ostaje iza nje. Ako bi se, dok se kamenje baca kroz rupu, u zidu otvorila druga rupa iza trajektorne linije bacanog kamenja, druga rupa ne bi ništa značila u odnosu na to što bi se događalo kod prve. Kamenje bi nastavilo da se nagomilava iza prve rupe, bez obzira na to što je otvorena druga.

A sada, onaj izazovni i zagonetni deo. Ako se fotoni jedan za drugim usmere kroz prvu rupu i otvori se druga, (iza trajektorne linije fotona) druga rupa ne bi trebalo da čini nikakvu razliku u onome što se događa kod prve, zar ne? Fotoni, kao kamenje, trebalo bi da nastave da se gomilaju iza prve rupe. Da li je to ispravno?

Nasuprot, potpuno je pogrešno! Ako su, kao fotoni poslani jedan za drugim, svi bili usmereni kroz prvu rupu, i otvorila se druga – na drugoj strani prepreke uobličiće se tipična linija obrasca interferencije. Stvara se, dakle, isti obrazac kao što bi bio onaj koji bi se stvorio kad bi zraci svetlosti istovremeno prolazili kroz obe rupe, stvarajući svoje talase i tada, izmešani, dali obrazac interferencije. Međutim, zna se da nije bilo tako; samo je *po jedan* foton u *jednom* trenutku bio poslan kroz *jednu rupu*. To bi bilo isto kao kad bi kamenje koje se baca kroz jednu rupu počelo da se nagomilava i kod druge!

Pojedinačni fotoni iznova su bili usmeravani, kao i ranije, jedan po jedan kroz prvu rupu. Ništa se nije izmenilo osim pojavljivanja druge rupe, koja – posmatrana zdravorazumskom logikom i iz perspektive rezonovanja – ne bi trebalo da čini nikakvu razliku u ovom slučaju sa fotonima nego što bi činila sa kamenjem. Fotoni, kao i kamenje, trebalo bi da se nagomilavaju iza rupe kroz koju su poslani, bez obzira na drugu rupu. Međutim, to nije ono što se događa; umesto toga, kad se jednom otvori druga rupa, fotoni uobličavaju obrazac interferencije talasa, seriju svetlih i tamnih linija, na drugoj strani prepreke – što je veoma neobična i neobjašnjiva činjenica o prirodi stvarnosti!

Prvo, kako fotoni »znaju« (ako je to uopše prava reč) da je otvorena druga rupa? Kako foton sam po sebi (pretpostavljamo »nesvesni« entitet) može da bude »svestan« druge rupe i da odgovori na tu promenu? »Takođe se čini,« pisao je Geri Zjukev[50] u svojoj knjizi *Dancing Wu Li Masters[51],* »da fotoni u ovom eksperimentu dve pukotine nekako 'znaju' da li je samo jedna ili su obe pukotine otvorene i da onda postupaju u skladu sa tim.«[52] Nekako, a niko ne zna kako, (iako su se fizičari usudili da daju neke neverovatne odgovore) fotoni mogu »da kažu i odrede« da je otvorena i druga rupa.

Još nešto: jednom kad »zna« o drugoj rupi – kako se jedan foton »deli« (iznova, ako je to prava reč), pronalazi drugu rupu, prođe kroz nju (i prvu rupu) u isto vreme (ako je to, uopšte, baš upravo ono što on ostvaruje)?

I na kraju, kako foton zna gde treba da se smesti na liniji obrasca interferencije? Kako zna da zbog druge rupe, treba da stigne na fotografsku ploču kao talas? Foton ne samo što mora da zna da je otvorena druga rupa i da onda prođe kroz nju (i u isto vreme i kroz prvu) nego zatim treba nekako da se smesti na fotografsku ploču stvarajući liniju obrasca interferencije.

»Iako svaki foton počinje kao čestica«, pisao je astrofizičar Johan Griben,[53] »i stiže na ploču kao čestica, izgleda da prolazi kroz obe rupe odjednom, interferira (preplice se) sam sa sobom i kao da 'smišlja' gde treba da se smesti na filmu da bi dao svoj doprinos celokupnoj liniji obrasca interferencije. To ponašanje obuhvata dve tajne. Prvo, kako pojedinačni foton prolazi kroz obe rupe odjednom? Drugo, čak i ako uspeva da izvede ovaj trik, kako 'zna' gde treba da se smesti u celokupnom obrascu? Zašto svaki foton ne sledi istu putanju i ne završava u istoj tački na drugoj strani?«[54]

Eksperiment dvostrukih pukotina dajući zdravorazumskoj logici svu sigurnost snova ludog psa *(Fotoni* ne mogu biti »svesni« bilo čega, a još manje koliko je rupa u prepreci!«), vodi onome što fizičari zovu nelokalnošću, jednoj potpuno drugačijoj prorodnoj stvarnosti koja čini da natprirodno izgleda banalno, čak dosadno, u poređenju sa njom (»Bilo ko ko nije zapanjen kvantnom teorijom«, pisao je pionir kvantne fizike Nils Bor, »nije je razumeo.«[55])

Dva fotona su oslobođena iz jednog atoma i razdvajaju se (udaljenost između njih nije bitna). Ono što je bitno, međutim, jeste da čim je trenutak obrta jednog od fotona *posmatran* (zapazite reč *posmatran*) obrtanje drugoga će smesta – brzinom *većom* od brzine svetlosti – početi da se odvija u suprotnom smeru. Zamislite dve bilijarske kugle, jednu u Beogradu, a drugu u Sidneju. U trenutku kad neko posmatra obrt prve u Beogradu, ona druga u Sidneju pokreće se u suprotnom smeru!

Ali to je nemoguće. Kako posmatranje nečega može da ga promeni? Čak još gore od toga, kako posmatranje nečega može da promeni nešto drugo, nešto tako daleko – i *tu promenu ostvari brzinom većom od brzine svetlosti*. (Zar Ajnštajn nije dokazao da ništa, čak ni informacija, ne može da putuje brzinom većom od brzine svetlosti?) Pa ipak, bez obzira kako je nelokalnost zaobilazila svu našu logiku, zdravorazumsko osnovno shvatanje stvarnosti, i sve što smo na osnovu toga iz stvarnosti vekovima učili o tome kako svet funkcioniše, ona je jedna od osobina kvantne stvarnosti koja se ne može poreći, stvarnost na kojoj sva fizika počiva: kada osoba posmatra jedan deo te stvarnosti, drugi aspekt – bez obzira na udaljenost – smesta se menja. Posmatranje jedne bilijarske kugle u Beogradu menja onu u Sidneju.

Profesor fizike i autor, Timoti Feris, je pisao: »To je neobičnost kvanta. Mešanje u jedan deo kvantnog sistema menja rezultate u drugom, čak i kada je sistem proširen do ogromnih razmera... To je kao da svet kvanta nikada nije čuo o prostoru, kao da na neki neobičan način, on po sebi smatra da postoji samo na jednom mestu u jednom trenutku.«[56]

Feris je koristio reč »mešanje«, i time mislio samo na »posmatranje« ili »merenje«, ništa više – što vodi drugom aspektu sveta kvanta koji čini nemogućim ono što je nesumnjivo, a što je poznato kao Kopenhagenska interpretacija u kojoj je prepreka subjekat – objekat razrušena (ako je uopšte i postojala). U svetu kvanta »stvar« (ne baš najbolja reč) stvarno ne »postoji« (ponovo ne prava reč za tu priliku), dok je neko ne posmatra. Tada, i samo tada, ona postaje »stvarna« (još jedna reč koja neadekvatno opisuje fenomen kvanta). Dok nisu posmatrani, a to znači dok ih osoba ne posmatra, ne otkrije, ili ih ne meri, ova subatomska »stvarnost« »postoji« u »nestvarnom svetu«, u obliku poznatom kao »funkcija talasa,« koji »kolapsira«[57] u česticu tek pošto je posmatran ili izmeren.

Novčić koji leži na stolu krunom je ili pismom okrenut nagore, bez obzira da li ga neko gleda ili ne, zar ne? Kad ga neko na kraju pogleda, on vidi ono što je već bilo tamo, bilo da je pismo ili glava novčića bila okrenuta nagore? Njegovo posmatranje tog novčića ne određuje koja je strana bila okrenuta prema gore? Zdravorazumska logika, zar ne?

Ne, nije tako, u najmanju ruku, na nivou kvanta. »Novčić« (subatomska čestica kao što je foton ili elektron) nije ni pismom ni krunom bio okrenut nagore; on »postoji« u maglovitom stanju, dok nije izmeren ili posmatran. Samo tada, pošto je »viđen« (još jedna neadekvatna reč), on »pada«[58] u nešto »stvarno« (bilo da je to pismo ili glava). Do tog merenja ili posmatranja to je bila »funkcija talasa«, ili »mogući talas« – »nešto« što »je tu« ali nije »stvarno«, nešto što »jeste«, pa ipak u isto vreme i »nije«.

Prema Kopenhagenskoj interpretaciji u svetu kvanta subjekt postaje – jedino kroz akt posmatranja – delikatno doveden u zajednicu sa objektom, ne baš najintuitivniji nagoveštaj stvarnosti. Zdrav razum nalaže postojanje sveta, i stvari na svetu, koje postoje same po sebi bez razlike da li ih neko posmatra ili ne. Tutankamonov grob, iako hiljadama godina sakriven od ljudskih očiju, postojao je (pretpostavlja se) pre nego ga je 1922. godine otkrio Hauard Karter.[59] Pa ipak nagoveštaj objektivne realnosti, nezavisne od posmatranja, ne izgleda primenjiv na najosnovnijem nivou na kome se ovim pitanjima može pristupiti. Pitanje koje su postavili filozofi *idealizma* (grana filozofije koja smatra da je realnost samo u umu i nigde više) o tome da li je drvo, koje je palo u šumi, načinilo uopšte šum ako ga niko nije čuo, postaje, u najmanju ruku, u svetu kvanta, značajnije, nego što su oni, koji su ga prvobitno uokvirili, (čak i u svojim najspekulativnijim trenucima idealističkih ćudljivih razmišljanja) ikada pretpostavljali.

Kao što je već ekperimentom dve pukotine pokazano, kada su obe rupe otvorene, linija obrasca interferencije uobličena je na drugoj strani prepreke, čak i kada su fotoni slati jedan za drugim kroz rupu. Ako se, međutim, postave detektori fotona kod svake rupe kroz koju oni prolaze i detektuje kroz koju su prošli – čitava linija obrasca interferencije se kvari i elektroni se kao kamenje nagomilavaju iza prve rupe, kao što su činili kad je bila otvorena samo jedna rupa. Fotoni očigledno »znaju« (ponovo, koju drugu reč možemo ovde da upotrebimo) da su otkriveni i, kao rezultat, njihova »funkcija talasa« (oblik u kome su se pojavljivali pre otkrivanja) se ruši i nikakva linija obrasca interferencije se ne stvara na fotografskoj ploči. Ako se detektor smesti samo pored jedne rupe, i čak ako je to druga (a fotoni se usmeravaju kroz prvu) – »funkcija talasa« se isto tako ruši i fotoni se nagomilavaju iza prve rupe. Fotoni koji idu kroz prvu rupu nekako »znaju« (pre nego što tamo dođu) da ih neko posmatra kod *druge rupe* i, kao rezultat, ponašaju se kao čestice a ne kao talasi. Ako obe rupe ostanu otvorene, ali bez detektora na bilo kojoj od njih, bez bilo koga ko »posmatra« – talas sa linijom određenog obrasca interferencije ponovo će se raširiti na drugoj strani; jednom otkrivena, međutim, linija obrasca interferencije iščezava.

Kopenhagenska interpretacija je samo jedan primer neverovatnih pokušaja da se neobjašnjivo objasni. Postoje i drugi. Prema Interpretaciji mnogih svetova[60] svemir se stalno deli i stvara identične kopije samog sebe – osim za naročiti ishod svakog posmatranja kvanta. U jednom svemiru kvantum je »pismom« okrenut nagore, u drugom je nagore okrenuta »glava«. Svaki put kada fizičar posmatra da bi video da li je foton čestica ili talas, ceo svemir se deli u svoj paralelni klon. U svakom svemiru, postoji identična laboratorija, sa identičnom opremom, sa identičnim fizičarima, sa identičnim suncima, zvezdama, mesecima i galaksijama. U jednom od tih svemira fizičar vidi talas, u drugome česticu; i osim te jedine posmatrane različitosti kvantuma, ti paralelni svetovi su istovetne kopije jedni drugih. U stvari, kad je u bilo kom trenutku svemir suočen sa različitim mogućnostima na nivou kvanta, on se deli u koliko je god potrebno kopija samog sebe da bi svaka moguća opcija na subatomskom nivou postala stvarna, što znači da neizrecivi trilioni paralelnih svetova postoje zajedno sa našim parčetom realnosti (zbog toga i ime Interpretacija mnogih svetova). Koliko god bila preterana ova zamisao, mnogi fizičari i kosmolozi su je prihvatili (ili njene različite verzije) zbog toga što, kao što jedan oksfordski fizičar kaže: »To je objašnjenje – jedno od onih koje je održivo – u izuzetnoj stvarnosti suprotnoj intuiciji.«[61]

Iracionalno? Nelogično? Neverovatno? Izvan zdravog razuma? Zvuči kao optužbe često izricane protiv hrišćanstva, nipošto ne nauke. Međutim, to nije hrišćanstvo, religija, nije ništa zasnovano na starim autoritetima ili božanskom otkrivenju. To je nauka, u stvari savremena fizika, razapinjuće naporna i posebna studija fizičkih fenomena, iskustvom potvrđeno i matematički zasnovano ispitivanje teško shvatljive stvarnosti i ono što je njime pokazano razvlači ili savija naše umove na način koji hrišćanstvo, u suprotnosti, čini skoro matematičkim. Iako je više osporavano – racionalnije je verovati u ono što je apostol Pavle nazvao »ludošću« Jevanđelja nego u ono što su fizičari nazvali »apsurdnošću« teorije kvanta. »Može postojati samo jedan lek«, pisao je fizičar Roland Omnes o onome što je nauka o kvantu donela i učinila ljudskoj misli, a to je »stvoriti nov način shvatanja«.[62] Da, upravo to, ili prihvatiti da sadašnji način shvatanja nije dovoljno širok da bi prihvatio jednostavne fizičke aspekte stvarnosti (a još manje duhovne). Omnes je pišući o stvarnosti kvanta rekao da »teorija ulazi u stvarnost tako duboku da naša čula tamo ne mogu da nas povedu. Njeni zakoni su univerzalni i oni vladaju nad objektima koji su nam poznati. Mi, koji nastanjujemo svet, ne možemo da učinimo da naša vizija preovlada nad tim arogantnim zakonima, čiji koncepti izgleda kao da teku iz jednog poretka, višeg od onog nadahnutog stvarima koje možemo da dodirnemo, vidimo i iskažemo običnim rečima.«[63] Reči zvuče kao vera, religija, ne nikako kao nauka.

»Ono što se pojavljuje kao sigurno«, piše fizičar Brajan Grin,[64] »jeste da bez obzira kako interpretirali kvantnu mehaniku, ona neporecivo pokazuje da je svemir zasnovan na načelima koja su, sa stanovišta našeg iskustva, iz dana u dan, neobična i hirovita.«[65]

To se ne događa samo u stvarnosti kvanta, da stvarnost nečega veoma malog nadmudruje umni pristup. Makroskopski svet, svet koga smo svesni, koji poznajemo, svet koji vidimo, osećamo i intuitivno saznajemo, čini to isto, samo na drugačiji način.

Uzmimo pojam vremena, jednu od »najširih« manifestacija stvarnosti. Vreme je četvrta dimenzija, ujedinjena sa visinom, širinom i dubinom (prostora) u jedinstveni sistem nazvan »vreme – prostor«. Vreme je (ili se, u najmanju ruku, čini da je tako) svuda; sve stvari koje znamo pojavljuju se kao da postoje u vremenu. Teško je predstaviti kako bi bilo šta – zvezde, galaksije, kvazari, dakle sve što postoji – moglo da postoji izvan vremena. Šta god da vreme jeste, i kako god da deluje, ono je »veliko«.

Na primer, ako Martin stoji i voz mu se približava brzinom od 100 km na sat, Martin i voz će se sresti pri brzini od 100 km na sat. Ako Martin trči prema vozu 20 km na sat, Martin i voz će se sresti brzinom od 120 km na sat. Ako Martin trči 20 km na sat u istom smeru u kome se i voz kreće sa svojih 100 km na sat, voz će prestići Martina brzinom od 80 km na sat. Čista klasična fizika, i čisto zdravorazumsko zaključivanje, zar ne?

Ako Martin stoji, ponovo, i snop svetlosti mu prilazi brzinom od 300.000 km u sekundi (kps), on će stići do njega brzinom od 300.000 kps. Ako se Martin kreće prema tom snopu svetlosti brzinom od 100.000 kps, tada zdrav razum, logika i racionalno zaključivanje, sva intelektualna oruđa koja su se pokazala nezgrapna, čak nekorisna u carstvu kvanta (kao i težak kovački čekić, sekira i malj za popravku čipa Pentijuma IV) – odredili bi da će snop svetlosti stići do njega ... kojom brzinom? Brzinom od 400.000 kps. Kojom drugom? Svetlost se kreće brzinom od 300.000 kps, Martin se kreće prema njoj 100.000 kps tako da je 100.000 plus 300.000 jednako 400.000 (Kome je potreban Ajnštajn da to izračuna?).

Jedino je ostao još jedan problem: odgovor je sasvim pogrešan. Snop svetlosti će još uvek stići Martina (čak iako se on kreće prema njemu 100.000 kps) brzinom od 300.000 kps. Ako se on bude kretao 299.000 kps bilo ka svetlosti ili 299.000 kps od nje, neće biti razlike. Svetlost će stići do njega, bez obzira koja je njegova relativna brzina prema njoj – istom brzinom od 300.000 kps. Ali to je, reći ćete, nemoguće! Ako se Martin kreće prema, ili od nečega, što se kreće u njegovom smeru, brzina kojom on to nešto sreće jeste relativna u odnosu na brzinu kojom se on kreće prema tome ili od toga. To je jednostavan zdrav razum, čista logika, čisto umovanje – i to je, naravno, problem: realnost (u najmanju ruku pri brzini svetlosti) nije u skladu sa logikom, razumom, ili zdravorazumskim zaključivanjem ništa više nego u slučaju fotona i elektrona. Umesto toga, realnost otkriva da kada bilo ko preduzme merenje brzine svetlosti, bez obzira na stalno kretanje te osobe u odnosu na svetlost, svetlost će uvek stizati do te osobe istom brzinom. Svetlost se kreće 300.000 kps relativno prema bilo kome u uniformnom okviru tog merenja.[66] Bez obzira koliko se brzo i stalno krećete, relativno prema zraku ili od zraka svetlosti, taj vas zrak stići će uvek istom brzinom. Kako to može biti? Odgovor koji je Albert Ajnštajn formulisao 1905. godine i koji je kasnije izvanrednom tačnošću u eksperimentima potvrđen, tako je očevidno jednostavan, nesumnjivo jasan, kao i očigledno lak i potpuno čudesan, ali, ipak, svako od osmogodišnjaka pa nadalje neće moći automatski i intuitivno da ga shvati kao nešto što dolazi iz starine: a to je da se vreme usporava što se brže neko kreće, i to čini proporcionalno, tako da uvek postigne da svetlost dođe do svog cilja brzinom od 300.000 kps bez obzira na uniformno kretanje bilo koga ko to posmatra ili meri. Iako se Martin kreće 100.000 kilometara u sekundi prema zraku svetlosti, sekunda za njega (pri njegovoj brzini) dovoljno usporava da bi ga svetlosni zrak sreo brzinom od 300.000 kps (i što je još jednostavnije od toga – ne samo što se vreme usporava, nego se i bilo koja mera ili sprava za merenje, usporava proporcionalno njegovoj brzini, obezbeđujući konstantnost brzine u njegovom referentnom okviru). Ako se kretao brže, vreme će više usporiti (i njegov »merački štap« će se više saviti), ali upravo onoliko koliko je dovoljno da obezbedi da ga svetlost sretne brzinom od 300.000 kps.

Ova promena nije u satu, kao da bi brzina nešto činila zupčanicima, osovinama i kazaljkama. Vreme po sebi, pa tako i sve što se događa u vremenu – kao što su funkcije Martinovog mozga, otkucaji njegovog srca, dotok kiseonika u njegova pluća, treptaji njegovih očnih kapaka i otkucaji njegovog sata usporavaju se zato što se *vreme samo po sebi* usporilo. Za Martina ništa nije različito, sve je normalno, sve se usporava u tačnoj proporciji sa svim drugim, zato što se *vreme samo po sebi*, dok se odnosi na njega, u njegovom okviru merenja[67], usporava. U suprotnosti prema osobi koja stoji mirno, i može da posmatra Martina u pokretu, izgledaće (toj osobi) da je sve što Martin

čini, njegovi pokreti, njegov govor, čak i otkucaji njegovog sata, spo-
riji zato što se druga osoba i vreme u kome ta osoba postoji (kao su-
protni vremenu u kome Martin postoji) kreću brže nego Martinovi.
Taj fenomen poznat kao Posebna teorija relativiteta pokazuje da
priroda, ponovo, na osnovnom nivou (vremena i svetlosti) nanosi udar-
ce logici, razumu i zdravorazumskom zaključivanju, oruđima na koji-
ma su ljudi izgradili većinu svojih savremenih epistemoloških struktu-
ra, a što je dokaz više koliko te strukture mogu nezgrapne biti. Naš cilj
nije odricanje od logike i razuma; njih se i ne možemo odreći. (Učini-
ti to značilo bi pobijanje svog odricanja, jer čime bi neko pobio logiku
ili razum osim logikom ili razumom?) Umesto toga, koristeći logiku,
razum i zdravorazumsko zaključivanje gledamo na eksperiment dve
pukotine, na nelokalnost, na Posebnu teoriju relativnosti i u skladu sa
njima prepoznajemo ograničenja logike, razuma i zdravorazumskog
zaključivanja, i to je sve. Naravno, Posebna relativnost, nelokalnost i
ekperiment dve pukotine ne dokazuju validnost religioznog verovanja;
oni nisu ni smišljeni da to učine. Oni to ne bi mogli čak i da su smišlje-
ni da to postignu. »Vera« kao i matematički aksiomi, po definiciji po-
stoji izvan »dokaza« (ako bi bili dokazivi ne bi bili vera i aksiomi).
Ono što teorija kvanta i relativnosti pokazuje, umesto toga, jeste da re-
alnost po sebi prevazilazi logiku, razum i zdravorazumsko zaključiva-
nje na isti način na koji to čini religija – pa tako ograničiti epistemo-
loške granice logikom, razumom i zdravorazumskim zaključivanjem
znači pogledati kroz ključaonicu i misliti da ste ugledali kraj svemira,
međutim, umesto toga, sve što su vaše oči mogle da zapaze bilo je pro-
virivanje na verandu, i to na samo jedan njen deo, a da uzgred spome-
nemo, pogled vam je bio iskrivljen. Ako osnovna građa prirode, ba-
zični gradivni sastojci svega materijalnog – ako oni tako spretno mo-
gu da izbegnu domašaje zdravog razuma, kako bi glupo bilo potpuno
odbaciti veru zbog tog istog razloga? Neko bi mogao isto tako da po-
rekne postojanje celom materijalnom svetu (neki ljudi, u stvari, su i to
učinili).

Nauka u dvadesetom veku daleko je od toga da istisne veru; ona je
razastrla stvarnost tako široko, i u tako mnogo raznolikih pravaca, da je
načinila više, nikako ne manje, mesta za veru. Ako je, kao što je Hegel
rekao, samo realno racionalno i samo racionalno realno – tada je po-

trebno da radikalno redefinišemo to »realno« ili »racionalno« zato što, za sada (kao što dokazuje eksperiment dve pukotine), ono što je realno teško da je i »racionalno«. Šta je »racionalnije«: Isusovo vaskrsavanje Lazara iz mrtvih ili fotoni koji »znaju« da je otvorena druga rupa?

Neko se, naravno, može opredeliti da pronađe validne razloge za odbacivanje religiozne vere, ali, učiniti to u doba kvantne fizike zato što je vera nerazumna, samo je po sebi, nerazumno. Možete, isto tako, odbaciti i Posebnu teoriju relativiteta zato što razum, logika i zdravorazumsko zaključivanje čine jasnim da vreme nije elastično, da ono ne može da se raširi ili suzi, već ostaje uvek isto, bez obzira kako se neko brzo kreće. Pored naše zbunjenosti tajnovitim fenomenima super–malog, začuđenosti »sablasnim ponašanjem« (da citiramo Ajnštajna) nelokalnosti i iskustvene izazvanosti elastičnošću vremena, za bilo koga *a priori* odricanje od religiozne vere samo na osnovu premise da ona nije »racionalna« znači upražnjavanje jednog potpuno oronulog oblika intelelektualne netrpeljivosti.

Godinama ranije Verner Hajzenberg, jedan od osnivača kvantne fizike, prisećajući se ranih dana svoje nauke, pisao je: »Sećam se diskusija sa (Nils) Borom, koje su se protezale do sitnih noćnih sati i skoro završavale u očajanju; i kada sam na kraju naših diskusija odlazio u obližnji park da prošetam, ponavljao sam u sebi, uvek iznova, pitanje: Može li priroda stvarno biti apsurdna, kao što nam izgleda u ovim atomskim eksperimentima?«[68]

Možda je trebalo da proučava nešto logičnije, racionalnije... kao što je vera?

4

»Dečica... Šta ću s njima?«

U jednoj od najusaglašenijih i najopasnije usmerenih polemika protiv Boga hrišćanske tradicije, socijalista Ivan Karamazov (u romanu Fjodora Dostojevskog *Braća Karamazovi*) priča svome bratu, monahu, o služinčetu, dečaku od osam godina, koji je, igrajući se kamenom, slučajno povredio šapu hrta bogatog generala.

Prema Ivanovim rečima, general (i vlasnik imanja na kome je dečak živeo) pita: »A što moj najmiliji pas hramlje?« Kad mu je rečeno, on izvodi dečaka napolje pred sebe, pred sluge, pred dečake koji brinu o psima, svoje hrtove, lovce i dečakovu majku. »General zapoveda da dete svuku«, nastavlja Ivan, »i detence svlače do gole kože, ono drhti, obeznanilo se od straha, ne sme glasa da pusti... 'Teraj ga', komanduje general; 'trči, trči!' viču mu psari. Dete trči... 'Drži ga! ne daj!' dere se general i napujda na njega čitav čopor hrtova... Gonio ga je kao divljač, na majčine oči, dok ga psi ne rastrgoše na komade!«[69]

Smisao Ivanovih reči, u ovom tragičnom događaju – zajedno sa onima o Turcima u Bugarskoj, koji su bacali uvis slovensku decu da bi ih dočekali vrhovima svojih bajoneta, ili onaj o roditeljima u Rusiji koji su po licu i ustima svoje petogodišnje ćerke razmazali izmet pre nego što su je za noć zaključali u hladnoj šupi – bilo je pitanje kako, na kraju, svi ovi događaji (i drugi gori od njih) mogu ikada biti opravdani, čak i na kraju vremena kada će božanski sklad biti ponovno uspostavljen, kada će sva teška pitanja biti razrešena i kada će Božji putevi zauvek biti odbranjeni pred ljudima i anđelima.

»Hoću da vidim svojim očima«, grmeo je Ivan, »kako će jelenče leći pred lava, i kako će onaj što je zaklan ustati i zagrliti se sa onim koji ga je zaklao. Hoću da budem tu kada svi najedanput doznaju zbog čega je sve to tako bilo… Međutim, tu su još i ona mučena dečica, i šta ću s njima tada činiti? To je pitanje koje ne mogu da rešim… Po stotiniti put ponavljam: pitanja ima vrlo mnogo, a ja sam naveo samo decu zato što je tu kao dan jasno ono što je meni potrebno da kažem. Čuj: ako svi moraju patiti da bi stradanjem iskupili večnu harmoniju, šta će onda tu deca? Kaži mi, molim te?… Šta tu može pakao popraviti kad su dečica već onako strašno namučena?… A ako su patnje dečije otišle na popunjavanje one sume patnji koja je bila neophodna da se kupi istina, onda tvrdim, unapred, da je ta istina isuviše skupo plaćena!«[70]

Iako malo njih može da izrazi svu dubinu, vatrenost i puninu značenja koje je Dostojevski uobličio rečima stavljenim u usta Ivana Karamazova, ko od ljudi nije osetio da isto pitanje ne melje deliće njegove duše – naročito ako je to duša koja je okrenuta nagoveštajima o postojanju Boga. »Dečica... Šta ću s njima«, nije pitanje koje opseda ateistu, zagonetka koja suočava skeptika. (Ne kažemo da se ateisti i skeptici ne grče na dečju vrisku; oni to čine možda i više od onih koji veruju u Boga zato što se teisti, u najmanju ruku, mogu nadati nekom višem, iako sada još uvek skrivenom značenju, dok je za ateiste ova dečja vriska ništa osim neizbežnih zvukova u bezbožnom, besmislenom stvorenju.)

Ne, »Dečica... Šta ću s njima«, ne predstavlja duboki filozofski paradoks ateistima kao što je on to za teiste. Deca rastrgnuta od lovačkih pasa, ili mučena od roditelja uklapaju se (čak sasvim dobro) u ateistički *Weltanschauung*[71]; to je više hrišćanska dilema – u kojoj je glavna ličnost svemogući Nebeski Otac pun ljubavi – i ona se pojavljuje tako nedovoljno uklopljena da bi mogla da objasni samo jedno od te dece a kamoli celu planetu koja je pokvarena njima.

»Ako je Bog voljan da spreči zlo, a nemoćan«, pitao se Epikur u trećem veku pre Hrista, »tada nije svemoćan. Ako je moćan, ali nije voljan, tada je zao. Ako je i moćan i voljan, tada – odakle dolazi zlo? Ako nije ni moćan ni voljan, zašto Ga, onda, zvati Bogom?«

Mnogi su se ljudi, sasvim razumljivo, pitali isto – čak i oni za koje je »moralni argument« za postojanje Boga (kao onaj predstavljen u prvom poglavlju) ubedljiv. Ako bi univerzalne moralne norme postojale samo na nivou ljudskih uredbi, tada bi bilo koje delo – od genocida do dečje pornografije – moglo biti moralno ispravno isto toliko koliko bi i sami ljudi mislili da jeste. Pa ipak to ne može biti moralno ispravno, i ljudi *znaju* da ne može biti ispravno, što podrazumeva da moralnost mora biti ukorenjena u nečemu iznad ljudskog, nečemu transcendentnom...

Za druge ljude, pristup u drugom poglavlju koji objašnjava opšte *apriorne* materijalističke pretpostavke savremenog sekularizma i naučnosti kao suviše uske, suviše plitke i neadekvatne da objasne čovečanstvo, predstavlja podatke za teizam. Ako nauka ne može da objasni sve (kao što i ne može) i ako je čovečanstvo više od hemijskih reakcija (kao što i jeste) – tada, možda, postoji dimenzija iza glomaznog, tupog opsega racionalizma i nauke same po sebi, jedna duhovna dimenzija, transcendentna, dimenzija koju može da stvori samo Bog.

Tada, kosmološki argument, takođe, objašnjava da postoje dve vrste mogućeg postojanja – ono što je stvoreno i ono što je nestvoreno (pokušajte da razmislite o trećoj). Sada, sve dok neko veruje u beskrajni nazadak, samo je jedna pojedinost stvorena od nekog drugog bez početne tačke (pozicija praćena brojnim filozofskim teškoćama) i kako ono što je stvoreno može postojati ako ultimativno nije proizašlo od onoga što je nestvoreno? Kako je bilo šta moglo da proizađe ni iz čega? Mora postojati nešto po sebi nestvoreno, što nije proizašlo od bilo čega, nego je uvek postojalo, a šta to drugo može biti nego Bog?

Za druge analoški argument, argument iz drugih umova, daje činjenice za opravdanje vere. Na isti način na koji znamo da postoje drugi umovi, čak iako su nevidljivi, neposredno nedostupni nama, i iza naših neposrednih osetilnih iskustava – mi možemo, analogijom, poverovati da Bog, nevidljiv, neposredno nedostupan nama, i iza naših neposrednih čulnih iskustava, isto tako postoji. Iako ne dokazuje Božje postojanje (nije ni smišljen da to učini), ovaj argument pokazuje da se verovanje u Boga može bar isto toliko opravdati koliko i verovanje u druge umove.

Teleološki argument racionalno, čak neophodno, podiže se iz složenosti projektovanih oblika u prirodi. Čovečanstvo može da pogleda u bilo kom smeru, bilo prema horizontima svemira ili uglićima i pukotinicama subatomskih čestica, strahovito velika složenost najjednostavnijih pojedinosti, besprekorna fina podešenost delikatnih varijabila, beskrajno vešta simetrija sila usklađena sa neoprostivim odsustvom grešaka, ne ostavljaju nam nikakvu drugu mogućnost nego Stvoritelja (ili, najmanje, Dizajnera).

Nijedan od ovih argumenata, sam po sebi, ne dokazuje Božje postojanje; pa čak ni svi oni zajedno. Argumenti su dobri, i koliko god da nešto postižu, ne postižu mnogo da nije tako – svi bi ljudi verovali – a to, ipak, nije slučaj. Umesto toga, ove postavke pokazuju razumne i logične dokaze za veru, ništa više i ništa drugo.

Pa, ipak, koliko god logični i razumni dokazi bili, i koliko god jaku teističku strukturu kao podršku veri oni uobličavali, bilo sami, ili utkani u tapiseriju rigorozne intelektualne doslednosti, ono što oni ne čine, bilo sami ili udruženi, nije čak ni približavanje odgovoru na pitanje Ivana Karamazova: »Dečica... Šta ću s njima?«

Za mnoge ljude, jednosložne i dvosložne reči ovog zamišljenog lika stvrdnule su se u čvrst, nepomični zid prema kome sva logika, sva intelektualna preciznost, sva umnost i racionalnost analoškog, kosmološkog, teleološkog i svih drugih teističkih argumenata treskaju i razbijaju se padajući na krvlju natopljeno tlo u bezuspešnim i besmislenim delovima lingvističke kaše i guše se sa vriskom mučene, zlostavljane i bolesne dece. Slovenske bebe izbodene turskim bajonetima pred očima njihovih majki, ili dr Jozef Mengele koji ušpricava hemijske izbeljivače u oči dece, ili im vadi organe i odseca udove bez anestezije, su one vrste događaja koje rasecaju telo i suštinu snage ovih argumenata, čineći ih, u najbolju ruku, nevažnim, a u najgoru, problematičnim za one koji veruju u Boga punog ljubavi koji bi trebalo da se nalazi na svakom od ovih krajeva. Kako god logični i zdravorazumski bili dokazi, oni nisu ništa više logični ni razumski od pitanja kako može Bog moralnog, teleološkog i kosmološkog argumenta biti i pun ljubavi i svemoćan, dok zlo postoji? To je, neizbežno, najlogičnije i najrazumnije pitanje koje se postavlja u bilo kome svetu u kome vera u Boga postoji zajedno sa osmogodišnjom decom koju psi rastržu.

»Ako je Bog savršeno pun ljubavi«, pisao je škotski filozof Džon H. Hajk koji je skovao ovo osnovno pitanje, »On mora da želi da napusti zlo; a ako je svemoćan, mora biti u stanju da ga ukloni. Ali, zlo postoji; stoga Bog ne može da bude i svemoćan i savršeno pun ljubavi.«[72]

Međutim, sve dok, ne bude shvaćeno da nam svemoć, po samoj svojoj prirodi svemoćnosti, dolazi sa inherentnim ograničenjima, i da taj izraz sam po sebi (kao što se obično razume) sadrži neizbežnu kontradikciju, mi ne možemo ovo razumeti. Ako bi, sa svemoći, *sve* bilo moguće, stvarno *sve,* tada bi to obuhvatalo i nemoguće, zato što »sve«, kao univerzalna zbirka, mora da sadrži isto tako i »nemoguće«. Ali ako Bog može da učini sve, *nemoguće* pojedinosti ne bi trebalo da budu moguće; po definiciji one bi trebalo da budu isključene iz takvog svemira. Pa ipak, kako je moguće da, onda, one nisu moguće, ako svemoć zahteva mogućnost svega, čak i »nemogućeg«? Sa svemoći bi tada, čak, i nemoguće moralo biti moguće, što znači da svemoć, ipak, ne može da učini sve. Ako može, nemoguće pojedinosti ne mogu da postoje. Taj argument nije nipošto sofistički, ili samo puka eksploatacija lingvističkih eventualnosti; on samo ističe da svemoć, po svojoj prirodi, ima ograničenja.

Avgustin iz Hipoa, u petom veku naše ere, istraživao je svemoć iz drugog ugla. »Mi nimalo«, pisao je Avgustin u *Božjoj* državi *(De Civitate Dei – knj. 5: 10)* »ne umanjujemo Božju moć ako kažemo da On ne može da umre ili da bude prevaren. To je vrsta nemogućnosti koja, ako je uklonjena, čini Boga manje moćnim od onoga što jeste. Bog se ispravno naziva svemogućim, čak iako ne može da umre ili da bude prevaren... *To i jeste baš zbog toga što je svemoćan da su za Njega neke pojedinosti nemoguće.*«[73]

Druga ograničenja, ne inherentna svemoći, ali stvarnosti, vezuju svemoć. Može li svemoć stvoriti trougao koji ima četiri strane? Ne, zato što u onom trenutku u kome bi imao četiri strane to više ne bi bio trougao. Može li svemoć stvoriti krug sa kvadratnim stranicama? Ne, zato što u trenutku kad ima kvadratne stranice to više nije krug. Može li svemoć učiniti da 2+2 budu 5? Ne, zato što u trenutku kada je 5 to više nije 2+2. A može li svemoć stvoriti ljubav koja je iznuđena? Ne, zato što u trenutku kada je iznuđena to više nije ljubav.

Kao što trougao da bi bio trougao mora da ima tri strane, ljubav da bi bila ljubav mora slobodno da se daje. Primorati nekoga na ljubav znači poništiti je; kao što se proton, srećući se sa antiprotonom potpuno gubi. Ljubav, u svojoj definiciji, mora da bude slobodna, jer u svakom drugačijem slučaju ona više nije ljubav. Čak Bog, Svemogući i Moćni, ne može da stvori ljubav koja je iznuđena, zato što u trenutku kad je iznuđena, to je nešto sasvim drugo a ne ljubav.

Ne samo što svemoć sadrži neka inherentna ograničenja, već kad je udružena sa ljubavlju, ta ograničenja se još više stežu. Božja svemoć ne znači da On može da učini sve, Njegova ljubav znači da može da učini još manje – i, samo u ovom kontekstu, u inherentnim granicama date svemoći i ljubavi, moguće je otpočeti razumevanje da *nije* protivrečno naglašavati da Bog može da bude svemoćan i pun ljubavi, a da ipak zlo i dalje postoji. Naprotiv, bila bi kontradikcija reći da kada bi Bog bio svemoćan i pun ljubavi tada zlo *nikada* ne bi moglo da postoji.

Ljubav ne čini zlo neophodnim. Zlo nije jedan od apriornih atributa ljubavi, njena neminovna veza. Međutim, ono što je ljubavi neophodno jeste *sloboda izbora*; to je jedan njen *apriorni* atribut, neminovna veza. Bez slobode, »ljubav« je nemogućnost isto kao što bi bila i Euklidova ravan bez širine ili dužine.

Bog može da stvori poslušnost bez slobode, da stvori zakon bez slobode, da stvori red bez slobode, pristanak bez slobode – ali ne i ljubav. Bog može da primora ceo svet da Mu se klanja u službi, da Ga se boji, ali ne može da natera nijedno stvorenje u svom celokupnom stvaranju da Ga voli.

Prema Jevanđelju po Mateju (22,37) prva i najvažnija od svih zapovesti bila je:»Ljubi Gospoda Boga svojega svim srcem svojim, i svom dušom svojom, i svom misli svojom.« Koliko je ironično da je prva i najvažnija zapovest bila jedina (ne kao one o preljubi, krađi, ubijanju, itd) koja se nije mogla iznuditi, ona koja je, po svojoj prirodi, morala da bude slobodno data, inače uopšte ne bi mogla biti data.

Ako je, dakle, prva zapovest osnovna ljudska dužnost, tada ljubiti Boga u prvenstvenoj i osnovnoj *apriornoj* komponenti ljudskosti mora da bude sloboda – ne bilo koja sloboda već *moralna* sloboda, zato što je ljubav u osnovi *moralni* atribut. Samo moralno biće može da voli, i samo u moralnoj dimenziji može da postoji ljubav. Kompjuter može da bude programiran da stvara ljubavnu pesmu, ali nema u njegovom RAMU nikakvih osećanja, nema nikakve odanosti na osnovnoj ploči, nema samoodricanja u zvučnoj kartici. Postojanje ljubavi podrazumeva moralnu dimenziju na isti način na koji postojanje materije podrazumeva prostornost. Da bi bili u stanju da vole Boga, ljudi moraju da budu u stanju da čine moralni izbor, a da bi ostvarili te izbore moraju da imaju moralnu slobodu. Jedini način (ovde je sad ključni obrt, šarka na kojoj se okreće celo pitanje zla) – na koji ljudi mogu da imaju tu moralnu slobodu jeste ako imaju mogućnost da donesu nemoralne odluke. Bez te mogućnosti, bez mogućnosti da izaberu nemoralnost ili zlo, ljudi nisu moralno slobodni; a ako nisu moralno slobodni, oni ne mogu ni da vole.

Moralna sloboda, naravno, ne zahteva od njih da neminovno učine pogrešan izbor, jedino im se pruža mogućnost da ga učine, i to je presudna distinkcija (jer neminovnost ne čini ono isto za mogućnost što i mogućnost za neminovnost – ako je nešto neminovno ne otvaraju se raznolike mogućnosti). Bez mogućnosti za činjenje zla, moralna sloboda bila bi iluzija.

Ateistički apolog Meki (J.L. Mackie) dokazivao je da je svemoćni Bog trebalo da stvori slobodna bića koja bi se opredelila da donose samo dobre odluke. »Ako je Bog ljude stvorio takvima«, pisao je on, »da u svom slobodnom izboru ponekad više vole ono što je dobro a ponekad što je zlo, zašto nije mogao da načini ljude takvima da uvek slobodno izabiraju dobro? Ako ne postoji logična nemogućnost u čovekovom slobodnom izabiranju dobra u jednoj, ili u nekoliko prilika, tada u svakoj prilici ne može biti ni logičke nemogućnosti u njegovom slobodnom izboru. Bog u tom slučaju, nije bio suočen sa izborom da načini nevini automat i stvori bića koja bi, po svom slobodnom postupanju, ponekad pošla pogrešnim putem; Njemu je bila otvorena očigledno bolja pozicija – a to je stvaranje bića koja bi slobodno delovala, ali bi uvek išla ispravnim putem. Jasno, njegov propust da ne iskoristi te mogućnosti nedosledan je činjenicama njegove svemoći i potpune dobrote.«[74]

Pogrešno zaključivanje. Osoba koja je slobodna da napravi samo ispravan izbor jeste »slobodna«, ali u ograničenom smislu u kome je zatvorenik – ako mu je dozvoljeno da hoda po svojoj ćeliji, koristi toalet, ili razmišlja šta god želi – »slobodan«. Čovek zaključan u ćeliju, u jednom smislu, jeste »slobodan«, u tome što njegov um nije zakovan za zid. Žan Pol Sartr je dokazivao da svaka osoba čak i kad je mučena ima »slobodu« da li će ili ne otkriti obaveštenja koja se od nje traže.

Šira, dublja, i višedimenzionalna sloboda, vrsta slobode neophodna za moralnost, potkopava Mekijev vitalistički argument zato što »bića koja bi slobodno postupala, ali bi uvek postupala ispravno«, nisu, sasvim suprotno od njegove tvrdnje – ni slobodna ni moralna bića. Iako nije potpuna logična nemogućnost da slobodna bića mogu uvek izabirati dobro, insistirati da ako to ne učine, to je onda na neki način Božja krivica, potpuno promašuje osnovnu suštinu toga šta u stvari *jesu* slobodna bića. Bog nije imao nameru da stvori ljude koji bi »jednom pošli pogrešnim putem«, kao da su prethodno isplanirani da to učine, ili kao da sloboda zahteva da to učine; radije, da bi stvorio slobodne ljude, koji su u stanju da donose moralne odluke, Bog nije imao drugog izbora (ponovo situacija koja pokazuje ograničenja svemoći) nego da stvori bića koja imaju *potencijal* da učine greške; jer na svaki drugi način oni ne bi bili slobodni. Takav potencijal uvek mora da postoji. »Bez obzira da li će slobodni ljudi stvoreni od Boga uvek činiti što je pravo«, pisao je Elvin Plantinga[75] (odgovarajući Mekiju), »to je verovatno ono što stoji do njih; jer svi znamo da oni ponekad mogu upotrebiti svoju slobodu da učine ono što je pogrešno.«[76]

Moralnost da bi bila moralnost, mora da poseduje mogućnost za nemoralnost, isto kao što i ljubav da bi bila ljubav mora da poseduje mogućnost da ne voli. Bog je mogao da stvori »ljude takvima da uvek slobodno biraju dobro«, ali samo u svemiru u kome bi pojmovi »slobode«, »izbora« i »dobra« bili od kartona isečeni oblici stvarnih pojmova.

Argument (u osnovi) da Nijedan slobodan čovek stvoren od Boga punog ljubavi nikada ne bi smeo da učini nemoralno delo jednostavno je pogrešan. Ne postoji ništa u pojmovima punog ljubavi i svemoćnosti Boga što zahteva da slobodna bića koja je On stvorio moraju uvek da čine dobro. Naprotiv, svemogući Bog pun ljubavi koji je stvorio moralna i slobodna bića mora, po neophodnosti, da ih dovede u uslove u kojima će zlo, iako nije neminovno, morati da bude moguće. Definicija »moralnog,« »slobodnog« i »punog ljubavi« to zahteva. Na drugi način sve što je Bog mogao da stvori bile bi kukavičke i amoralne štapičaste figure. Daleko je, dakle, od protivrečnog iskaz da je Bog svemoćan i da je On ljubav, a da zlo postoji; prava bi protivrečnost nastala tek kada bismo rekli Bog je svemoguć i On je ljubav – stoga zlo *nikada* ne može da postoji.

Ono, međutim, postoji a zato postoji i Ivanovo pitanje: »Dečica... Šta ću s njima?« Ipak dokaz da zlo ne poništava bilo Božju ljubav bilo Njegovu svemoć, daleko je od toga da odgovori na Ivanovo pitanje, već nas vodi na drugo, čak mnogo teže: *Zašto je Bog stvorio slobodna, moralna bića, sposobna da vole, ako je znao ne samo da oni imaju mogućnost za zlo nego i da će ga izabrati!* Da bi Bog stvorio moralna bića morao je da ih stvori slobodnim; to zahteva logika. Ali zašto je Bog morao da stvori takva bića? Sloboda je neophodni preduslov za moralna bića puna ljubavi, ali koji je preduslov tražio da ta moralna bića uopšte budu stvorena? Da li su slobodna, moralna bića *a priori* za bilo šta u svemiru? Šta nas je, ako nas je uopšte nešto, učinilo logičkom neophodnošću time što bi naše nepostojanje zahtevalo osnovnu suprotnost čak i za svemoć?

Ništa, u najmanju ruku, ništa očigledno (neki su dokazivali da su Bogu ljubavi potrebna bića koja će Ga zauzvrat voleti, međutim, davanje ljubavi ne zahteva da je neko prima). Ako po logici nismo neophodna bića, tada nas je, sasvim jasno, svemoćni Bog pun ljubavi stvorio a da to nije morao, što mora da znači – prvo: stvorio nas je uprkos svom predznanju da ćemo izabrati zlo; i – drugo: stvorio nas je znajući da će, čak iako izaberemo zlo, jedno veće dobro, uprkos tome, biti postignuto. Ako je, znajući da će slobodna bića koja će stvoriti izabrati zlo, Bog ipak stvorio ta bića, i ako je Bog pun ljubavi, onda je morao da stvori ta bića uz saznanje da uprkos njihovom zlom izboru, On može, na kraju, izvesti veće dobro koje odražava Njegovu ljubav – bez obzira kako je nama teško (kao Ivanu Karamazovu) da vidimo koje to veće dobro možda može biti.

Izgleda da postoji jedan od dva odgovora na pitanje Ivana Karamazova. Ako sekularni, racionalistički pogled odgovara stvarnosti, tada će svaka zvezda u svemiru jednog dana izgoreti, razdoblje svetlosti biće završeno i sav život, sva sećanja i celokupni svet iščeznuće u ništavilu iz koga su i potekli. Ako je istinita ova mogućnost, to znači, naravno, da pitanje Ivana Karamazova: »Dečica... Šta ću s njima«, mora dobiti odgovor otprilike ovako: »Ne možeš učiniti ništa u vezi sa dečicom, zato što sva njihova patnja ne znači ništa. Kako bi i mogao, kada će jednoga dana zvezde izgoreti, svemir se urušiti u samog sebe, i sva materija, prostor i vreme potpuno iščeznuti sa prosto ničim što mogu da pokažu iz onoga što je prošlo sa njima, uključujući i čovečanstvo?«

Ako je, međutim, hrišćanski Bog Onaj koji postoji, i ako su Njegova obećanja verodostojna, tada iznad zvezda, izvan granica naše mašte, postoji odgovor na Ivanovo pitanje i on glasi, otprilike, ovako: »Postoji veće dobro, veće od svega što se zbivalo, čak i dečici, i – iako nam to veće dobro sada izgleda nemoguće kao mogućnost, a još mnogo manje kao obećanje – to *ipak jeste* Božje obećanje.«

Verovati u prvi odgovor znači potčiniti sebe same i sve što smo, ili što god bismo mogli biti, besmislenosti, iako duboko unutra nagoveštaji smisla golicaju našu dušu, nagoveštaji nečega transcendentnog; i tada sve oko nas, što nije iznad nas, iščezava zajedno sa nama. Nasuprot, verovati u drugo znači da nada nije neophodno vezana za gravitaciju, već da nas može podići do obećanja većeg dobra, iznad horizonta svemirske toplotne smrti.

Ako, međutim, neko prihvati drugi odgovor na Ivanovo nesavladivo pitanje, jedno se još mnogo nesavladivije podiže i ono glasi: Ako postoji veće dobro i ako svi Božji putevi treba da budu oslobođeni optužbe u velikom i završnom skladu koji odbranjuje Boga i sve što se zbivalo na Zemlji, kako Bog može da opravda činjenicu da je to izdejstvovao ovde u prljavštini, u ljudskoj krvi, znoju, i suzama, u *dečici*, dok On sedi na prestolu u slavi Neba? Kakva god duboka pitanja, i kakve god ogromne moralne dileme se razrešavaju u ovoj borbi između dobra i zla, kako god efikasno i zauvek obećani odgovori brišu sve sumnje, glačaju sve apsurdnosti i brišu sve suze, pitanje ostaje: Zašto bi jedan svemoćni, sveznajući Bog bio bezbedno i udobno smešten negde na nebu, znajući kraj od početka – i gledao nas nerazumne kako se vučemo na svojim bespomoćnim stomacima, nesvesni čak i toga što će uslediti narednog trenutka, a još mnogo manje na kraju svega? Zašto nije mogao, ako je već Bog pun ljubavi i želeo nešto da dokaže, da to dokaže On sâm, a ne sa nama, ljudskim bićima tako jadno i nerazmrsivo vučenim kroz sve to, a da to sami nismo izabrali?

Sve sama dobra pitanja – a postoji samo jedan odgovor na njih. Krst.

5

Bol
drugih ljudi

»**N**a kraju krajeva«, pisao je Niče, »čovek doživljava samo sebe.«[77] Niče je u pravu. Kad žalimo sa žalosnima, plačemo sa plačnima i patimo sa onima koji pate – doživljavamo jedino sopstvenu žalost, sopstveni plač i sopstvenu patnju – nikada tuđu. Krvarimo svojom krvlju, pljujemo svoju pljuvačku, lučimo svoj znoj, nikada tuđ, ma koliko da smo sa nekim tesno povezani. Bol drugih ljudi dolazi do nas pročišćen, uvek i jedino, kroz naš sopstveni. Naš sopstveni bol je, stoga, sve što ikada upoznajemo.

»Šta si radio«, pisala je Eni Dajlar »kada je 30. aprila 1991. serija talasa udavila 138.000 ljudi? Gde si bio kad si prvo čuo zapanjujuće vesti koje razdiru srce? Ko ti je rekao? Kojim redom su nadolazila tvoja osećanja? Kome si to prvo rekao? Da li si plakao? Da li je bol tvoje duše trajao danima ili sedmicama?«[78]

Koliko god plakali, koliko god glasno naricali, to je, još uvek, samo vaš plač, vaše naricanje (ničije dugo) kao što je i svaki od 138.000 ljudi osetio samo svoja pluća, i ničija druga začepljena hladnom vodom koja davi. Čak i majka koja na svoje grudi privija dete u groznici ili muž koji iz zgužvanog vozila izvlači svoju ženu, nijedno od njih ne može da se uplete u nerve drugoga da bi osetilo grč njegove nesreće, žestinu njegovog bola, ili razdiranje njegove tuge. Bez obzira koliko glasan, strahovit ili sveobuhvatan, ljudski bol ostaje privatniji od misli; misao se uvek može podeliti, bol nikada. Ne, patnja nije prenosiva ili presadiva kao jetra, srce, ili krv. Ono što je tvoje, samo je tvoje. Kada se glad obrušila na Etiopiju i bezbrojna telesa venula, i zatim se vraćala prahu, ona su to činila *svojom* poslednjom dršćućom snagom, ali je svako telo pojedinačno drhtalo. Kad umiremo, stradamo ili patimo, bilo sami ili u društvu, zajednička agonija i kolektivni bol ne postoje. Mi smo svi samo ostrva ličnog bola.

Ta privatizacija bola, to lično preživljavanje patnji je dobro – zato što znači da niko nikada nije propatio više nego što je to mogao *pojedinac*. Bol ostaje konačan, uvek ograđen malim i privremenim, a što je u isto vreme i mera ljudskog. Mi nismo u stanju da više propatimo nego što nam naš lični metabolizam dozvoljava, ili da osetimo više bola od onog koji mogu da izdrže naše prenapete ćelije. Bez obzira koliko se kilometara nerava prepliće kroz nas, oni nisu ništa drugo do samo nekoliko izlizanih i uvrnutih niti u poređenju sa svetlosnim godinama stvarnosti koja nas okružuje. Naša konačnost je naša odbrana, naša telesna ograničenost naša najbolja zaštita. Koliko je srećna okolnost da bol i patnja ostaju unutar naših granica i zatvoreni inherentnim ograničenjima naše individualnosti. Dovoljno je teško ovo nošenje sopstvenog bola; možemo li sebi predstaviti još i nošenje bola drugih?

Postoji, ipak, izuzetak u ovoj sveopštoj personalizaciji bola; samo jednom se ova univerzalna paradigma individualizovane patnje pomerila. Iako je posle ovog jedinstvenog događaja linija rastojanja u orbiti planete oko Sunca i dalje bila ista i odvijala se u istim vremenskim razmacima, Plankova konstanta i dalje je iznosila 6.626×10^{34} džula u sekundi, i objekti u mirovanju ostajali i dalje u mirovanju, dok na njih nije delovano spoljnom silom, posle *tog događaja* – Hrista koji je umro na krstu – moralni centar svemira korenito i nepovratno se promenio.

To je sada *krst*, ne religija, ne dogme, ne kreda, ne tradicije, ne doktrine, ne sabori, ne crkve i ne hrišćani (naročito ne hrišćani). To je krst i to krst sâm, nerazređen i nepokvaren crkvama, dekretima, saborima, tradicijama i hrišćanima koji su toliko izobličili sliku da je za milione ljudi jedini krst koji poznaju onaj što visi sa Madoninog vrata.

Ako neko može da odgrne sve ruševine, uspne se uz gomilu građevinskog otpada i pređe pored moralnih i fizičkih olupina preostalih na javi dvehiljadugodišnje hrišćanske istorije da bi video *krst* – šta bi se pred njim tada pojavilo? Ako bi bio nepokvaren politikom, neizobličen tradicijom i neopterećen dogmama – šta bi krst onda bio? Ako neko sa krsta može da skine sve viševekovne naslage eklezijastičke kore, šta bi preostalo? Ako neko može da rasplete sve unapred stvorene pretpostavke i epistemološke predrasude nagomilane iz životnih iskustava laži, mitova i religioznih iluzija samo da bi imao jasan, čist i neiskrivljen pogled na krst – šta će se tamo ukazati?

Video bi kontrast za koji je jezik isuviše klimav, slab i uzan da ga odrazi, tajnu za koju mozak nije načinjen dovoljno širokim i dubokim da bi je celu prihvatio, a da se najveći deo ne prospe preko njegovih rubova. Jezik jedva da mu prilazi, reči ga grubo skiciraju, a poezija ga udara batinom. Naš um nije dovoljno prefinjen da bi ga reprodukovao (serotonin je suviše razređen, sinapse suviše otupele). Sve što se pojavljuje jeste samo njegov šematizovani prikaz, pa, ipak, i on zapanjuje. Ono što bismo videli, kod krsta, bio bi Stvoritelj svemira, Biće koje je svojom naredbom pokrenulo u postojanje jaku struju, slabu struju, elektromagnetizam i gravitaciju, Biće koje je razastrlo beskraj sa nebulom Orla[79] i sazvežđem Oriona, Biće koje je utkalo stotine milijarditih milijardi superstringovih petlji u svaki proton, na kome počiva sve što postoji, kako se skupilo u ljudsko telo, prikovano za dve drvene grede, a život Mu je slomljen svim mogućim bolom, patnjama i mukom sveta koji je On svojom stvaralačkom rečju vešto uobličio i dozvao u postojanje.

Iako iskustvom preživljavamo samo svoj strah, samo svoje užase, ničije druge – na krstu Isus je iskusio svačije. Pojedinačni jadi i bolovi čovečanstva bili su dodavani jedan za drugim i njihov surovi zbir pao je na Stvoritelja. Na krstu sve neprijatno, zaglušujuće i zlo što je ikada prostrujalo kroz naše živce, prostrujalo je kroz Njegove – i to odjednom.

Tu, i samo tu sva ona pitanja postavljena ranije (*Ako postoji veće dobro i ako svi Božji putevi treba da budu oslobođeni optužbe u velikom i završnom skladu koji odbranjuje Boga i sve što se zbivalo na Zemlji, kako Bog može da opravda činjenicu da je to izdejstvovao ovde u prljavštini, u ljudskoj krvi, znoju, i suzama, u dečici, dok On sedi na prestolu u slavi Neba? Kakva god duboka pitanja, i kakve god ogrom-*

ne moralne dileme se razrešavaju u ovoj borbi između dobra i zla, koliko god efikasno i zauvek obećani odgovori brišu sve sumnje, peglaju sve apsurdnosti i brišu sve suze, ostaje pitanje: zašto bi jedan svemoćni, sveznajući Bog bio bezbedno i udobno smešten negde na Nebu, znajući kraj od početka – i gledao nas nerazumne kako se vučemo na svojim bespomoćnim stomacima, nesvesni čak i onoga što će uslediti narednog trenutka, a još mnogo manje na kraju svega? Zašto nije mogao, ako je već Bog pun ljubavi i želeo nešto da dokaže, da to dokaže On sâm, a ne sa nama, ljudskim bićima tako jadno i nerazmrsivo vučenim kroz sve to, a da to sami nismo izabrali?) su moćno, neporecivo i zauvek odgovorena. Koliko je god krvi, znoja i suza kapalo pod anemičnim mesečinama, pored svih kanceroznih boja duše i užasnih sudbina dečice – nijedna od njih, niko od nas, nije propatio više od onoga što može pojedinačno ljudsko biće. Naš bol nikada nije nadmašio našu ograničenost. Nikoga nikada nije bolelo više od onoga što su on ili ona, pojedinačno, mogli da izdrže; u trenutku kada bi prag bio pređen, smrt bi prekinula svaki dalji bol.

U suprotnosti prema ovome, daleko od toga da je Bog bio »bezbedno i udobno smešten negde na Nebu« – na krstu, sva zla sveta, svi njihovi žalosni rezultati proboli su Njega. Počev od dečice koju je Mengele sakatio a zatim ubijao, pa do h*er Doktorove* griže savesti i drhtanja zbog ogromne krivice, od prvog naduvenog stomačića do poslednjih zakatranisanih pluća, od zlostavljanog do zlostavljača, sva planetina konačna zla pala su na Beskrajnog Boga, nagomilala se zajedno – i bila dovoljna da čak i Njega ubiju.

Ostavljajući po strani postmodernističko brbljanje o relativizmu, pluralizmu, perspektalizmu, o Fokaltovoj Interpretativnoj analizi, ili Deridinoj Dekonstrukciji teksta, Vitgenštajnovim jezičkim igrama... Ili je Engleska ostrvo u Evropi ili nije; ili je Džonatan Svift napisao *Priču o koritu*[80] ili nije; ili je Džordž Vašington bio premijer Francuske od 1926–37. ili nije; i, najzad, ili je na krstu Stvoritelj svemira, uzimajući na sebe ljudskost, umro od zala čitavog čovečanstva – ili nije. Tu ne postoji srednje rešenje, nikakav kompromis. Ili je Isus bio Bog, ili je bio samo dobar čovek (između ovo dvoje postoji beskrajno kvalitativna razlika), ili možda čak rđav čovek, ili možda, uopšte nije ni bio čovek. Ali ako je bio samo dobar čovek, ili veliki čovek, ili najveći

– pa ipak ne istovremeno i Bog, tada Bog nije umro i krst je isto toliko štetan koliko i neka laž i u istoj meri u kojoj bi bio divan kao istina (podmuklost prevare bila bi proporcionalna veličini te činjenice). Ako je bog samo čovekov izum, tada čovek nije izmislio jedino i samo boga, već Jednog koji je propatio beskrajno mnogo više od stvorenja, *bilo kog* stvorenja koje je On stvorio. Verovanje u lažnog boga je dovoljno rđavo, verovanje u Onog razapetog je čak i gore, jer dok verovanje ipak pomaže da se ukroti okrutnost – laž bi prazne prostore svemira činila paklenijima nego ikada.

Koliko god da je krst neverovatan, nema ničeg protivrečnog u vezi sa njim. Tvrditi da ima, znači automatski ga poreći. Sila koja je beskraj pokrenula u postojanje, večnost i materiju i uskladila ih, razastirući rezultate tog dela preko beskraja, sigurno je imala i mogućnost da sebe zaogrne u ljudskost i umre u njoj. Onaj koji je stvorio sve što je stvoreno, mogao je da postane deo svega stvorenog. Suština toga nije fizičke prirode (*Kako je to On uradio?*), već moralnost (*Zašto je to učinio?*).

Ako uspon od nule do jedinice traži beskrajno veliki korak, kakav je moralni proračun u silaženju iz neograničenog i beskonačnog u konačnost? Da sam Bog postane čovek, da beskonačno primi oblik konačnog (a da još uvek ostane beskonačno), to je već dovoljno neverovatno. *Ali da je Bog, u obliku konačnog, propatio kao što samo beskonačno biće može da propati?* Logika i razum moraju da ustuknu pred tim saznanjem, pred samom njegovom predstavom, pred samom skicom i mašta odustaje. Tome se može pristupiti samo metafizikom vere.

Ako je istina da je Bog, Stvoritelj lično, uzeo oblik čoveka i umro umesto ljudi, smrću ne samo strašnijom od najstrašnije smrti najboljih predstavnika ljudskog roda, već smrću strašnijom od smrti svih udruženih ljudi (čak i najstrašnijih), tada *moralnu* geometriju stvarnosti treba ponovo razmotriti. Proporcije, linije, postulati, naglasci, dvostruki centri tih elipsa, i svi uglovi moraju da budu ponovo iskopani, ponovo ispitani i, ako treba (kako bi i mogli da ne budu) moraju se ponovo uraditi, a to je onda nešto mnogo korenitije od pukog pomaka sa euklidovske na rajmanansku geometriju. Ako je to istina, boje, tonovi, čitav smisao svemira se menja – i muzika sfera pretvara se u gromoglasni hvalospev.[81]

59

Čak i ako ne verujete, razmislite (za jedan pozlaćeni trenutak) šta bi značilo ako biste u to poverovali? Pretpostavimo da možete da iskoračite izvan svoje epistemološke »kutije« nakupljene od sirovina svojih iskustvenih doživljaja, kulturoloških uticaja i slučajnosti, prosejane i očišćene od sopstvenog intelektualnog busenja, samo da biste otkrili da je najvažnija pojedinost koju ste ikada saznali, nešto do čega niste mogli da dođete svojom indukcijom ili dedukcijom, već, umesto toga – zato što je to suviše čvrsto, suviše objektivno za razum i iskustvo same po sebi (koji samo udaraju kao konj kopitom o njih) – to je trebalo da vam bude saopšteno, ne, ne, *na kašičicu* davano vašim mogućnostima otkrivanja, dok sa strane kaplje i curi ono što ne možete odmah da shvatite? Pretpostavimo da možete da skinete neprozirnu zavesu fenomena i dođete do numenona[82] samo da biste otkrili da je on stvoren od Boga koji je postao čovek i umro smrću gorom od one svih udruženih ljudi, smrću koja nas povezuje s Njime vezama čvršćim od onih koje zajedno drže prostor i vreme (što znači da smo mi, i ti i ja, naše patnje, pre nego što bi bila istinita pretpostavka da iščezavamo u beznačajnosti u stvari sigurno je da smo utkani u suštinu stvaranja)? Pretpostavimo da ste poverovali da je ultimativna stvarnost u kojoj sve drugo može biti razrešeno i u kojoj se ništa drugo ne može razrešiti nije nešto fizičko, već moralno, nisu superstringovske petlje, već ljubav koja se širi po hladnim prostranstvima beskraja u grozničave kutke naših strahom ispunjenih, prolaznih života? I, pretpostavimo, takođe, da ste poverovali da je Bog sâm, iz ljubavi, za svakoga od nas, visio na tom krstu, ponavljam, za sve nas, jer je to bio jedini način da nam da nešto više od mogućnosti da se: 1) u starosti razbolimo i umremo, 2) mladi razbolimo i umremo, 3) jednostavno samo umremo mladi – i da je to obećanje novog i neraspadljivog postojanja u kome nijedna od prethodnih nije mogućnost za nas?

Još više od toga, ako je Bog »za sve okusio smrt« (Jevrejima 2,9), ako je umro »za grehe svega sveta« (1. Jovanova 2,2), ako su na njega bila položena »bezakonja svih nas« (Isaija 53,6) – tada *smo svi mi* obuhvaćeni žrtvom na krstu, zato što su sva naša zla tamo bila.

Iznova, krst je ili istina ili laž. Ako je laž, tada je to još jedan ubijeni Jevrejin, crna rupa u koju se uliva tako mnogo nadanja, obećanja i molitava, a da je zauzvrat dobijeno tako malo ili nimalo. Ali, ako je istina, tada to znači da su *tvoje* laži, tvoja pohlepa, tvoja zavist, tvoja pohota, tvoj ponos, tvoje prevare, tvoja sebičnost, sve gadne i prljave pojedinosti koje si pomislio i učinio, slabosti koje ti i nisu izgledale tako rđave, ali ako bi se sakupile i bile ti bačene u lice i bilo ti pokazano šta su one u suštini, pokrenule bi te da noktima razdireš sopstveno telo – sve su one bile tamo, na krstu, ubijajući Hrista, tako da kad se svi zli trenuci tvog života pojave kao opterećenje i odvagnu, ne moraju zauvek i na kraju ubiti tebe.

U ovom životu nema pravde. Međutim, ako Bog postoji i ako je On pravedan, tada će pravda biti ostvarena – što znači da ćeš pre ili kasnije morati da odgovoriš za sve, za prljave tajne koje se povremeno pojavljuju i uvlače u tvoje snove, za sve muke koje te tište na mestima koja ne možeš da počešeš i, čak, za sve pojedinosti koje si davno opravdavao hladnoćom kvadratnih jednačina, a zatim si ih sasvim zaboravio, jer ti je to tako odgovaralo. Predstavi sebi suočavanje sa svakom zlom misli, rečju i delom, odjednom, a zatim kako su sva njihova izvinjenja, racionalizacije, i opravdanja otplavljene svuda prisutnim okom svevidećeg i sveznajućeg Boga koji na površinu iznosi najdublje, najtelesnije motive, dok na kraju ne bude mesta na kome bismo se sakrili pred Onim za koga je čak i najčistija savest mutna i neprozirna od zla?

Ako su sva zla koja si počinio, ili ćeš ih ikada počiniti, pala na Isusa da bi ti bio pošteđen kazne koju zahteva pravda, *tada krst ima apsolutno moralno pravo na tebe.* Bez obzira da li u njega veruješ ili ne, prihvataš li ga ili ne, taj zahtev krsta ostaje, a sve druge veze, nasuprot, vezuju te ničim drugim do trakama roze boje i naklonima nekog bajkovitog bala. Niko i ništa drugo nema takvo svoje pravo na tebe, zato što niko i ništa nisu učinili (niti su mogli da učine) toliko za tebe.

Ako je Hristos na krstu platio kaznu za svako pogrešno delo koje si *ti* ikada učinio, ako je poneo glavni udarac *tvoga* zla, ako je On u svom telu u istom trenutku osetio bolne posledice *tvojih* gluposti, i ako je to sve učinio baš zbog toga da bi *tebe* poštedeo, da ne moraš da se suočiš sa božanskom odmazdom za sve što si uradio – *i ti, ipak, odbaciš ono što ti je omogućeno – šta ti još onda preostaje?*

To je zaista mučno. Šta god činimo ili smo učinili drugima, to smo učinili samo ljudima istog kova, samo odrazom nas samih u kući ogledala. Mi smo konačna stvorenja koja ponekad čine sitničave, ponekad detinjaste, ponekad užasne postupke, ali uvek i samo konačne i privremene, ništa više od toga. Razmak između onoga ko smo, šta činimo i kome to činimo ostaje konačan, a konačno minus konačno jednako je konačno.

Krst, međutim, predstavlja čovečanstvu nešto beskrajno, nešto večno. Umesto da lebde »tamo negde napolju«, kao koncepti koji se mogu samo osetiti ili intuitivno saznati, Beskrajno i Večno iskoračili su neposredno u jednačine naših života, ispisali sebe formulama našeg neposrednog postojanja i učinili sebe dostupnim kao nikad ranije. Doživeti da se večni i beskrajni Bog odene u ograničeno i privremeno telo da bi nas spasao od neizbežne propasti do koje bi nas dovele naše trule haljine – a da onda ove ograničene, privremene i trule haljine namerno odbace ono što je On učinio za nas – šta nam onda preostaje?

Postoji beskrajni jaz između konačnog i beskonačnog; oni koji su odbacili ono što je Isus učinio za njih, u izvesnom smislu, produbili su taj jaz; to je najveći prestup zato što je *beskrajan*. Od svih zala učinjenih na svetu koja su se našla na krstu: ubistava, silovanja, incesta, varvarizma – jedino zlo koje se tamo ne nalazi, za koje nije obezbeđeno rešenje i oproštenje, jeste ono koje je beskonačno, kad ono što je konačno odbacuje Beskonačno (Beskonačno minus konačno jednako je Beskonačno).

Ali šta je sa onim ljudima koji nikada nisu čuli o krstu ili nisu imali priliku da im on bude tačno predstavljen? Da li su takvi od početka predviđeni da budu osuđeni na večnu propast?

Teško da može izgledati tako. Prvo, ko se može kategorički odreći onoga što nikada nije saznao. Drugo, ako su na krstu *sva* zla sveta pala na Boga, to znači zaista sve zlo, čak i zlo onih koji nisu čuli o Isusu. Zašto bi Bog poneo i taj gnusni teret onih kojima na neki način nije ponuđena mogućnost večnosti, bez obzira kakve bi druge osobenosti mogle visiti pred njima izobličene, prerušene ili čak poricane od njihovih plemenskih božanstava? Bog nije bezrazložno prošao kroz agoniju krsta ni za njih ni za bilo koga, eto samo tek tako, zbog ničega.

Pored toga neposredna suština stvari i nisu oni koji nikada nisu čuli za krst, suština su, umesto toga, oni koji su čuli, oni kojima je data jedna slika beskonačnog skupljenog u oblik konačnog i zatim slomljenog zalima sveta. Postoje samo dva logična odgovora. Prvi je smesta potpuno odstraniti sliku, kao pakleni mit, gadnu, fatalnu grešku DNA; drugi je pasti pred njim slomljen, zadivljen, preporođen zbog predivne nade koja nam je ponuđena kroz tako neshvatljivu blagodat. Pa, ipak, druga mogućnost, mogućnost vere, nije nipošto tautološka sa hrišćanima koji vole i puni su ljubavi. Kolektivno hrišćanstvo je imalo sklonost da proizvodi kolektivne jadnike.[83] Jedno je imati grešnike koji dolaze u crkvu (to se i očekuje), ali je nešto sasvim drugo ako oni iz nje odlaze gori zato što im je grešnost sada »potpuno razrešena krivice« svešću koja je uverena u sigurnost konačne istine? Kako shvatiti one koji su u Isusovo ime ubijali, silovali i pljačkali? Ili šta je sa onim bogobojaznim protestantima sa američkog juga koji su redovno išli u crkvu i voleli Gospoda Isusa, ali nisu hteli da dele svoj toalet sa crncima? Ili sa onima koji su bacali Jevreje u gasne komore od ponedeljka do subote, ali su se od svog posla odmarali nedeljom? Od krstaških pohoda do inkvizicije, od Kju kluks klana do najortodoksnijih hrišćana – fašista, zašto je hrišćanstvo pružalo mogućnosti, podsticaje i opravdanja za tako mnogo onoga što kalja našu planetu? I zašto je tako mnogo štetnog bilo hranjeno u hladnom, groznom krilu crkve, koja je vekovima služila kao intelektualna, kulturna i moralna tamnica Zapada?

Iako dobra pitanja, nijedan od izgovora koji su dati kao opravdanje nije dobar, jer je i sam Isus upozorio na one koji će pod maskom hrišćanske vere činiti bezakonje: »Neće svaki koji mi govori: Gospode! Gospode! ući u carstvo nebesko; no koji čini po volji oca mojega koji je na nebesima. Mnogi će reći meni u onaj dan: Gospode Gospode! nismo li u ime tvoje prorokovali, i tvojim imenom đavole izgonili, i tvojim imenom čudesa mnoga tvorili? I tada ću im ja kazati: nikad vas nisam znao; idite od mene koji činite bezakonje.« (Matej 7, 21–23)

Milioni onih, koji tvrde da su hrišćani, tokom skoro dve hiljade godina gradili su izgovore koji su im pogodovali da bi odbacili krst; ono što nisu uspeli da pruže jesu adekvatna i prava obrazloženja zašto bi iko to učinio, zato što ništa nije uspelo da izmeni krst na kome je Bog umro za i od zala sveta – jedno beskonačno delo koje prevazilazi sva konačna, čak i dela učinjena u ime samog beskonačnog dela. Ništa ne umanjuje vrednost krsta: on ostaje iznad i iza svega ostalog, a njegove pretenzije tako su univerzalne, tako sveobuhvatne, i tako velike, da pred sobom brišu sve izgovore, čak i one valjane. Oni to moraju.

Suština nisu hrišćani, crkve, sabori ili verovanja; suština je, umesto toga, i jedino, krst, glavna i osnovna tačka na koju je položena ljudska sudbina, mesto na kome se realnost deli na dve večne mogućnosti.

Sa tako visokim ulozima, sa tako značajnim rezultatima, sa onim kroz šta je utelovljeni Bog tako intenzivno prošao zbog svakog čoveka, teško da ima smisla da On učini bilo šta drugo nego da onima koji su čuli pruži obilje razloga da poveruju. Zašto proći kroz sve ono što je On učinio – koje ne bi učinilo niko koji ne veruje u konačno dobro – a nije dao dovoljno čvrstih dokaza da veruje?

On nas je tim dokazima snabdeo, i mi verujemo.

6

Dete,
Neizmenjeno

Mi ne vidimo stvari kakve su, kaže Talmud, već onako kakvi smo mi sami. Ako je to istinito, realnost stiže do nas kao strmi uspon i što je istinitija misao strmiji je uspon, sve dok nas svet ne suoči sa potpuno obrnutom slikom (i, zbog toga, tu sliku, onda, naš um ne ispravi). Ono što je izvan nas pojavljuje se u skladu sa onim što je *u* nama, i ono što je u nama menja se, ne samo od jedne osobe do druge, već i kod svakog čoveka. Tako je postojanje izdeljeno u ništa drugo sem svesti (i to *individualne* svesti), koju menjaju sve one uticajne pojedinosti od dedinog temperamenta preko metabolizma serotonina do količine šećera za doručkom.

»Svet je moja predstava«, rekao je Artur Šopenhauer.[84]

Ako je on Arturova predstava, tada je i tvoja, a isto tako i predstava tvog najljućeg neprijatelja. Ono što je čoveku sasvim jasno i izvesno (kazao je Šopenhauer) jeste »da on ne poznaje nikakvo Sunce i nikakvu Zemlju, već da svagda zna samo za oko što vidi Sunce, za ruku što oseća Zemlju; da svet, koji ga okružuje postoji jedino kao predstava, to jest – uvek i svugde – samo u odnosu na nekog drugog, nekog ko predstavlja, a on sam je taj koji predstavlja«.[85]

I zbog toga što je svako od nas čovek sa različitim očima, različitim rukama, različitom svešću, mi poznajemo različita sunca, različite zemlje (da li je to bio Ra, koji je u svojoj sunčanoj kočiji uplovio u Galilejev teleskop svojom tako oštrom svetlošću ili možda Gaja koja je privlačila pluća rudara uglja). Ako je svet (u najmanju ruku za nas) predstava, tada je svet različita predstava za svakoga od nas, a pošto se predstave o svetu sukobljavaju – to činimo i mi. *Imago dei* ili kanibalski ručak? Opasni zločinac ili omiljeni sin? Delo Božje ili tektonski poremećaj? Terorizam ili nacionalno oslobođenje? Kada su aksiomi jednih laži drugih, i osnovni postulati jednih parodija drugih; kad kosmološke, deontološke i teleološke istine jednog naroda služe za podsmeh u obliku priča, praznoverica ili mitova *demosu* njihovih suseda, kada su božanski sportski rogovi kod jednih, samo repovi u svesti drugih, kada je lice koje ukrašava povelje i počasne plakete kod jednih, samo nedaleko odatle, preko jedne veštačke granice, postavljeno na poternice drugih – sukob je neminovan. Sukobi se tada ne zbivaju oko toga šta stvarno *jeste*, nego oko toga šta *mislimo* da jeste.

Ovo pitanje o tome šta je realno, kao suprotstavljeno onome što je shvaćeno pruža se unazad u najmanju ruku sve do Platonove pećine, te učmale stare pećine u kojoj su svi ljudi bili prikovani licem okrenuti prema zadnjem zidu, a stvarnost im je prilazila samo preko senki na zidu, senki koje je pravila vatra iza njihovih leđa. »Zamisli«, pisao je Platon, »da ljudi žive u nekoj podzemnoj pećini, i da se duž cele pećine provlači jedan širok otvor koji vodi gore, prema svetlosti. U toj pećini žive oni od detinjstva i imaju okove oko bedara i vrata tako da se ne mogu maći s mesta, a gledaju samo napred, jer zbog okova ne mogu okretati glavu. Svetlost im, međutim, dolazi od vatre i od okovanih put vodi naviše, a pored njega zamisli da je podignut zid kao ograda kakvu podižu mađioničari da iznad nje pokazuju svoju veštinu… Zar misliš da oni vide nešto drugo osim svojih senki i senki drugih ljudi, koje svetlost vatre baca na suprotan zid pećine?… A kad bi mogli međusobno da govore, zar ne bi ono što vide morali smatrati za realne stvari?«[86]

Samo kroz filozofsko i obrazovanje uma, dokazivao je Platon, bilo ko može izbeći pećinu i popeti se u svet Sunca, a to je tek stvarnost onakva kakva jeste u suprotnosti sa osnovnim oblikom polusenki i senki koje sada guše naša čula. Kako god dosetljiva (ili nezgrapna) bila Platonova metafora, šta bi se dogodilo ako bismo u stvari mogli da iskliznemo izvan svojih predstava, popnemo se iznad i odemo iza poja-va, osećanja i fenomena i istražimo kakva je stvarnost po sebi, bez urođenih ljudskih filtera koji boje, kategorišu i pakuju za nas pojave, utiske i fenomene – šta bi se, onda, tamo nalazilo? Šta čini neuhvatlji-ve *ding an sich*[87] *d*a igledaju baš tako, osećaju baš tako, mirišu tako, imaju baš takav ukus? Sve što znamo o stvarnosti, čak i ono što o njoj potiče iz čistog razuma, dolazi do nas neuro-elektro-hemijskim proce-sima koji se potpaljuju u našoj vlažnoj tami pokrivenoj kožom, loba-njom i značenjima.

Pretpostavimo da su nam, međutim, atomi antifriza, umesto sa-dašnjeg serotonina, prenosioci informacija preko tih vlažnih nabora; kakvi bi se novi svetovi pojavili u našoj svesti? Pretpostavimo da su nam neuroni dvostruko veći ili dvostruko manji, dvostruko duži ili dvostruko kraći, dvostruko deblji ili dvostruko tanji od onih koji se sa-da pružaju kroz nas? Kakva bi se realnost tada projektovala u naše duše? Pretpostavimo da su nam kvarkovi niži ili viši, ili da se formula fizike naših umova razlikuje .0005–[67] posto, koje bi različite aksiome Peano[88] otkrio, koji novi zakoni kretanja bi bili izvrnuti iz vazduha i kakvo bi to novo doba slaganja izgledalo? Šta ako naše oko ne bi više moglo da otkrije područja elektromagnetskih talasa sa kojih se u naš mozak prevode crvena i plava boja? Šta bi nam onda bile boje suvog podneva ili postepenog zalaska Sunca. (Mi već znamo jedino koje dve boje oni, onda, *nikada* ne bi mogli biti)? Pretpostavimo da naše uši mogu da otkriju strah kod ptica, naš nos tačne kodove mirisa cvetova, naši prsti prolazak i najmanjeg strujanja elektrona? Realnost bi se tada za nas sasvim sigurno pojavljivala u potpuno različitim oblicima, međutim da li bi nam taj ponovo spojeni um, snabdeven tačnijim i po-uzdanijim čulima, pružio neku bolju sliku, ili samo istu onu subjektiv-nu kao što je već sadašnji trodimenzionalni šou koji se odigrava između naših ušiju?

Čak iako je moguće iskliznuti, izaći, popeti se preko, i proći iza pojava, osećanja, utisaka i fenomena da bi mogla biti shvaćena, stvar-nost kako je možemo shvatiti bilo čim drugim osim našim čulima, ili čulima bilo koje vrste, koja imaju svoje sklonosti, ograničenja u svo-jim tkivima i prethodno stvorene sudove u svojim receptorima. Koja god čula da nas vezuju za ono što je izvan nas, koji god »interfejs« da nas povezuje sa svetom, bilo koji periferni organi da nam šalju slike, zvukove, ukuse i mirise u um, svaki od njih ima svoj fokus, predrasudu i granice. Različite kombinacije stvaraju različitu stvarnost. (Koliko je mnogo miliona ljudi bilo ubijeno samo zbog male različitosti u razmeri glave?) Kako, onda, realnost može biti išta više od subjektivne, ograničene čulima koja je opažaju – što znači da bi realnost morala da bude samo u našim glavama, nigde drugde.

Možda, kada bi samo postojalo neko biće, neki božanski Um, koji bi mogao da u isto vreme sagleda sve pojedinosti iz svake moguće perspektive, svakog mogućeg ugla i svakog mogućeg položaja – moglo bi se reći da postoji neka objektivna realnost? Može li, kao što je biskup Džordž Berkli[89] dokazivao, bilo šta biti nešto, a što bi značilo da to nešto ima urođene osobine ili kvalitete koji nisu u umu koji ih opaža, jer šta su drugo, konačno, osobine ili kvaliteti (toplog, hladnog, crvenog, žutog, slatkog, gorkog, tvrdog, mekog) nego utisci čula, a kako bi utisci čula mogli da postoje bez uma koji ih opaža? Kako može biti bola bez nerava, ili ukusa bez čula? I zato što različiti umovi (kao i različiti nervi i čula) shvataju iste stvari različito, bez nekog konačnog, sveznajućeg Uma koji zna i shvata sve, iz svake moguće perspektive, ugla i položaja, može li biti bilo koje realnosti druge od one subjektivno doživljene od različitih umova? Bez božanskog Uma ima li smisla uopšte govoriti o tome šta *stvarno* postoji, zato što na svaki drugi način sve što postoji jeste samo subjektivno, fluktuativno i često ono što samo privremeno daje varljivi utisak čulima, i ništa više?

Dva čoveka – jedan koji je navikao na začinjeno i ljuto – i drugi koji to nije, jedu riblju čorbu. Drugi kaže da je ljuta, a prvi da nije; da li je ona u stvarnosti (suprotstavljena samo ličnom ukusu) – ljuta ili nije? Može li biti jedno ili drugo, ili bilo šta, nezavisno od uma koji to ljuto predstavlja kao jedno ili drugo, ili kao nešto sasvim suštinski različito?

Ova pitanja su ontološka paralela onim deontološkim postavljenim u prvom poglavlju (»Ništavilo smrti«). Može li biti prave moralnosti (ili prave realnosti) ako sav moral (ili realnost) postoji jedino u obliku električnih ili hemijskih reakcija u subjektivnim umovima koji se kolebaju? Naslućujemo da moralnost postoji nezavisno od nas; jer kako bi inače ubijanje beba samo zato što su jevrejske označavalo nemoralno delo, ako svaki ljudski um drugačije razmišlja? Mi naslućujemo, čak i više nego samo intuitivno, da realnost postoji nezavisno od naših umova; inače da li bi Mont Everest postojao ako bi um odbio da ga prihvati? Kako, onda, mogu postojati moral ili ontološki apsoluti, ako se i moral i postojanje pronalaze jedino u umovima, a ne izvan njih? Implikacije ovih pitanja razmatrane su vekovima. Britanski empiričar Džon Lok[90] pitao se kako ljudi mogu saznati bilo šta suštinsko – kakvo je nešto po sebi kad je celokupno ljudsko znanje zasnovano na iskustvu? Znanje ne može da pođe dalje od iskustva. Ništa ne postoji u umu, pisao je on, čega prvobitno nije bilo u čulima, i zbog toga što je ono što je dospelo do čula uvek ograničeno, sastavni deo njih samih i promenljivo (Mračna soba posle nekoliko minuta, često ne izgleda baš tako mračna!), mi smo ostavljeni sa malo stvarnog znanja o svetu.

Proširujući svoje empirijske pretpostavke, biskup Džordž Berkli uobličio je svoju čuvenu formulu *esse est percipi* (»Postojati znači biti saznat«) tvrdeći da osobine i obeležja stvari, čak njihove primarne osobine (iste takve kao što su i njihovi nastavci) ne postoje izvan uma, i da samo u meri u kojoj je jedan objekat saznat, može se reći da on postoji. »Jer šta su gore spomenuti objekti (kuće brda, reke) nego stvari koje saznajemo svojim čulima«, pisao je on, »i šta saznajemo *osim naših sopstvenih zamisli, utisaka,* i zar nije odvratno kad da bi bilo koja od njih ili bilo koja njihova kombinacija postojala nesaznata«.[91]

Zato što se stvarnost pojavljuje samo kao utisak dat čulima, ne postoji neki utisak dat čulima (stoga u tome ne može biti ni realnosti) koji nije primljen. Biskup Berkli nije poricao da takve stvari postoje; umesto toga on je govorio da kad za nešto kažemo da »postoji« to onda samo znači da ga um shvata. Jer kako se izraz »postojati« – a to odmah znači posedovanje osobina (a šta su te osobine osim pojedinosti shvaćenih u umu kao toplo, hladno, crveno, veliko, začinjeno?) – može ikada koristiti da opiše bilo šta bez pretpostavki uma koji je tu da ih shvati?

»Jedino nakon što su ljudi«, pisao je Šopenhauer, «isprobavali svoje snage hiljadama godina samo na filozofiji objekta, otkrili su da između mnogih pojedinosti koje svet čine tako zagonetnim, i omogućavaju nam zastoje da o njima razmišljamo, prva je i najbliža da koliko god nemerljiv i masivan ovaj svet može biti, njegovo postojanje, bez obzira na sve, počiva na jednoj niti, a to je aktuelna svesnost o onome što postoji.«[92]

Podrazumevajući realnost *apriornih* sintetičkih propozicija, na kojima je zasnovao svoju revolucionarnu filozofiju, pruski filozof, Emanuel Kant dokazivao je da um sam konstruiše realnost. Ne da on *stvara* stvarnost (u tom smislu da, na primer, stavi automobil leksus sa pogonom na četiri točka na mesto na kome bi se, inače, nalazila samo folksfagenova buba), nego da zahvaljujući pretpostojećim strukturama u njima samima naši umovi sintetišu i unificiraju stvarnost ne prema svetu po sebi, već u skladu sa umom po sebi. Um, kao što jeste, nameće sebe svetu, i sve iz tog sveta se, onda, pojavljuje samo kao organizovano, filtrirano i kategorisano od uma. Um se ne prilagođava svetu. Svet se prilagođava umu. Naši umovi ne menjaju svet po sebi (Kant je pisao znatno pre revolucionarnog otkrića kvanta), već svet kao što jeste dolazi do nas samo koliko mu naši umovi dozvoljavaju. Mi ne vidimo ono što je stvarno tamo, već samo njegove mimoilazeće odsečke u skladu sa onim što nam naši umovi kroz svoje prepostojeće kategorije i strukture pokazuju. Um, u suštini, funkcioniše kao *apriorni* cenzor celokupne stvarnosti.

Osoba koja gleda sa vrha brda kroz dvogled videće nešto drugačije od osobe koja to brdo posmatra kroz mikroskop. Brdo je tamo zasigurno; ono što vidimo zavisi od toga da li naš um radi kao mikroskop, ili kao dvogled, ili kao par ljudskih očiju koje hvataju samo deo spektra elektromagnetskih talasa i, u skladu sa zakrivljenošću i ulegnućem rožnjače, prelamaju te talase na određeni način pre nego što ih pošalju u skladu sa specifičnim predodređenim elektro-hemijskim i neurološkim vezama, koje na specifičan visoko rafiniran način projektuju zamisli i doživljene pojedinosti ljudske svesti (različiti zaseci, sage, nabori stvaraju različite zamisli, osećanja i svest).

Potpuno neslično kasnijim fenomenalističkim idealistima (kao što je bio Johan Gotlib Fihte[93]), koji je porekao celokupnu realnost osim one koja postoji u našim umovima (Nakon svega, zašto se mučiti sa onim što nikada ne možeš saznati?) – Kant nije porekao, to jest, nije porekao realnost nezavisnu od ljudskog saznanja. Fenomenon (kakva nam se realnost pojavljuje) ne može da postoji bez numenona (kakva stvarnost realno jeste) ništa više nego što bol može da postoji bez nerava. Ono što Kant tvrdi, umesto toga, jeste da nikada ne možemo da *saznamo* numenon, stvarni svet, onakvim kakav je on po sebi, kao *ding an sich.* Jedna mračna, nepristupačna linija razdvajanja visi između onoga što jeste i – pošto smo prošli kroz šibe uma (gde nakon što smo ga izbrojali, okvalifikovali, cenzurisali, homogenizovali i šta god još drugo) – kako se to na kraju pojavljuje kao stvarnost u našoj svesti. Nijedan od ovih filozofa, naravno, i nijedna od ovih filozofija nisu ostale neosporavane. Bez obzira na to teško je izneti dokaze protiv njene suštine: ograničenja znanju, naročito onom koje dolazi percepcijom preko naših čula. Pišući protiv Protagorine maksime da je »čovek mera svih stvari«, Platon je rekao da ako bi sve što bi bilo prethodni zahtev za istinu bilo to da čulima nešto osetimo, tada bi »svinja ili babun sa licem psa« isto tako bili »mera svih stvari«.

Smisao Platonove primedbe je dobro usmeren i, zaista, stvarnost ne može da bude merena i prosuđivana čovekovim merilima, zato što različiti ljudi mere i sude o stvarnosti različito, čak kontradiktorno. Argument da nema objektivne stvarnosti bez naših čula, iako branjiv nekom logičnom i racionalnom strogošću (koji, opet, kao i kvantnom teorijom, otkriva ograničenja logike i racionalne strogosti) ostaje, ako ništa drugo, intuitivno neuverljiv, naročito za nekoga ko je (na primer) jedva preživeo prolazak glavom kroz vetrobransko staklo. On poznaje da nešto realno, čvrsto, objektivno, samo po sebi postoji izvan njega, i to bilo koja epistemološka objašnjenja da su inherentna objašnjenju šta je realnost sama po sebi.

Kantova podela na numenone i fenomenone bila je odbranjena u dvadesetom veku na način nedostupan mašti osamnaestovekovnog Emanuela. Koliko nas mnogo poziva sa mobilnih telefona, radio talasa, i satelitskih slika okružuje? Kakvi sve seksualni grčevi, kakvi akustični triptisi, kakvi cvrkuti i unjkanja tiho klokoću u elektronskoj matrici oko naših ušiju? Koliko mnogo izokrenute sintakse izvire iz lebdenja razgovora oko hranjenja i pulsira iznad nemirnih ritmova protisnutih kroz naše prozorske okvire! Pa ipak, sa našim datim specifičnim spojevima nerava i ograničenim »perifernim uređajima« »uključenim« u njih – ta grčenja, cvrkutanja i unjkanja, sasvim drugačija od prolaska kesice čipsa ili cviljenja autobuskih kočnica, ipak ne štipaju naše noseve ili se ne vrte u našim ušima zato što smo nasukani na kraći kraj Emanuelove provalije, na hladnu, mračnu liniju razdvajanja između numenona i fenomenona, na kraj provalije koju niko od smrtnika nije prešao, jer čime bi običan smrtnik mogao da posmatra numenon bilo čim drugim većim, različitijim, ili kojim boljim senzornim uređajima, koji bi projektovali druge ograničene slike u njegove neurone sa predrasudama, jer ih oni uvek i projektuju sa *apriornom* predrasudom? Iznova, samo božanski Um – onaj koji zna sve pojedinosti, pojmljive i nejpomljive, onaj koji uzima u obzir sve moguće i ostvareno – ima pristup do *ding an sich-a*. Mi, ostali, ostavljeni smo samo sa empirijskim kršom ustajalih seni i vodnjikavih senki naših umova.

Od Platonove pećine do Kantovog epistemološkog ruba, ostaje pitanje: Šta je drugo tamo izvan, šta se drugo kreće, postoji i živi preko provalije između uskog, konačnog spektra pojava u ljudskom umu – i širokog beskrajnog spektra stvarnosti (najzad, zar stvarnost nije beskrajna)? Kao piskutavi zvuci koje samo psi mogu čuti ili subatomske čestice iz svemira koje nam ulaze u glave i izlaze kroz tabane naših nogu (zvukovi i čestice isto tako realni kao fudbalske lopte ili Bahove kantate), šta još postoji kao numenon što ne možemo da osetimo, vidimo, opipamo ili intuicijom dokučimo?

Naučnici govore o drugim dimenzijama iza one prepoznate dimenzije vreme – prostor; zahteva ih nekoliko grana fizike (Teorija superstringova traži najmanje deset). Neki matematičari dokazuju da samo brojevi sami po sebi postoje u jednoj nezavisnoj »stvarnosti« različitoj od našeg sveta i njegovih čulnih percepcija. Drugi su dokazivali da je svet natprirodnog, okultnog, svet vere, anđela, svet koji nadmašuje prirodno, sferu sirovog dobra i zla, izvan mogućnosti shvatanja i ograničenja ljudskosti, upravo onaj svet koji postoji u numenonu. Autor novozavetne knjige Jevrejima je zapisao »da je sve što se vidi iz ništa postalo« (Jevrejima 11,3); apostol Pavle govorio je o stvarnostima što su »na nebu i što je na zemlji, što se vidi i što se ne vidi«. (Kološanima 1,16) Koje su to stvarnosti koje se ne vide? Šta su te nevidljive stvarnosti, ako i ne toliko na nebu, ali na Zemlji?

Kantova distinkcija između fenomenona i numenona, iako ne dokazuje prisustvo natprirodnog (i to, sigurno, ne njegovom jasnom namerom), u najmanju ruku omogućila je mesto za »konačište« natprirodnog. On je pronašao, ako ništa drugo, mesto razložnoj metafizici, mesto na kome natprirodno može da se smesti kad već postoji. Milioni poziva sa mobilnih telefona koji struje oko nas podrazumevaju mogućnost – ne verovatnoću (ili je to čak sigurnost) – drugih neopipljivih stvarnosti koje isto tako postoje (možda anđela?). Prvo pokazuje, ako ništa drugo, da inteligentna, planska aktivnost može da funkcioniše svuda oko nas, i da, ipak, ostane izvan nas čak i kada deluje na nas. (Ko je, na primer, mogao da omiriše, čuje, vidi, okusi ili dodirne visoke nivoe radijacije koji su mu razorili slojeve ćelija na organima za varenje, oslabili imunitet i ubili ga?)

Numenon je višestruko značajan a značajan, je i vremenski. Fenomenon je, možda, ništa drugo već ugao numenona o koji se um tare, i apsorbuje ga kao natopljeni tamni sunđer. To što ne dodirujemo sve njegovo ne znači i da ne dodirujemo nešto; to što u potpunosti ne možemo da ga saznamo ne znači da ne možemo makar delimično. U Drugoj knjizi Mojsijevoj, kada je Mojsije tražio od Boga: »Molim Te, pokaži mi slavu svoju« (2. Mojsijeva 33,18), Bog je odgovorio: »Nećeš moći videti lica mojega, jer ne može čovek mene videti i ostati živ.« I reče Gospod: »Evo mesto kod mene, pa stani na stenu. I kad stane prolaziti slava moja, metnuću te u raselinu kamenu, i zakloniću te rukom svojom dok ne prođem. Po tom ću dignuti ruku svoju, i videćeš me s leđa, a lice se moje ne može videti.« (2. Mojsijeva 33,2–23). Možda je to sve što fenomenon stvarno jeste, samo leđa, a nikako lice numenona.

Matematičari su pronašli neverovatnu koherentnost i lepotu u svetu brojeva. Matematika izgleda da je bila »tamo napolju« (kao što su ostrva uz američki kontinent bila za Kolumba), ne kao fizičke strukture, već kao precizne i delikatne relacije između neširećih, prethodno postojećih entiteta mnogo stalnijih i čvršćih od materijalnog sveta. Kako god to nešto na izvanredan način um obrađivao, to nešto je još uvek tamo, nešto što matematičari sreću kao realnosti mnogo doslednije, čvršće i stabilnije od nestalnih, ko(e)bljivih imitacija ćudljivog fenomenona. Tri kilograma francuskog belog brašna od Starbaksa, bez obzira koliko je tačna vaga, biće uvek više ili manje od tri kilograma (čak i kada je ta netačnost za samo nekoliko molekula); međutim, broj *tri*, kao broj sam po sebi, apsolutan je, čist i prefinjen, doteran, bez potrebe za bilo kakvim, čak i najmanjim i najdelikatnijim doterivanjem.

Tako, bilo kao koncepti ili saznanja do kojih smo došli čulima, nešto od numenona dolazi do nas, čak i kad ga osećamo samo kao fenomenon. (Kako bismo ga, drugačije, i mogli osećati?) Mi smo načinjeni, takvi kao što smo, da stupamo u dodir sa numenonom, ili u najmanjem, sa nekim njegovim delom. Postoji određena usklađenost, odgovarajuće, čak estetski prijatno slaganje između naših osećanja i dela stvarnosti (»s leđa«) koja ulazi u našu svet.

Kako smo srećni što možemo da vidimo onaj deo elektromagnetskog spektra, koji šalju zvezde, deo spektra najbližeg našim očima na način koji ne samo što nam dozvoljava da vidimo objekte, već da ih vidimo tako predivne (postoji li bilo kakva logična neophodnost, ili, čak praktični razlog, po kome bi trebalo da zalasci Sunca ili pauni budu tako prijatno predstavljeni našem umu). Kakav god da je *ding an sich* koji se podiže iz listova nane, kako je lepo da u trenutku dok prolazi kroz naše nozdrve to bude tako čulni miris u našem umu. Seksualno zadovoljstvo, kao fenomenon sam po sebi je dovoljno ushićujuće (kao numenon sve bi nas ubilo). Šta god da je pomorandža (ili breskva, ili šljiva, ili grejpfrut) sama po sebi, ona ne samo što sočno i ukusno sadejstvuje sa našim ustima, već isto tako dolazi do nas ispunjena hemijskim jedinjenjima i hranljivim sastojcima koji su, a tako se dogodilo i nikako drugačije, da budu usklađeni sa našim fizičkim potrebama (kako je zadovoljavajuće, isto tako, dato i u estetskim konturama koje zahtevaju naša usta, da su pomorandže – a ne žir, borove šišarke, ili iglice četinara – ispunjene vitaminom C). Prirodno odabiranje tvrdi da može da nam objasni zašto nam je potrebno da vidimo tigra, ali ne i zašto njegove linije u naš um stižu sa tako sirovom lepotom, skladom i elegancijom (i, pored toga, zar najsposobniji *Homo sapiens* ne bi bolje preživeo ako bi ove opasne zveri bile slabe, jadne, uplašenog izgleda i potpuno neprivlačne). Antropološki princip (od grčke reči *anthropos*, »čovek«) kaže da jedino u svemiru pogodnom da podrži ljudski život, ljudi mogu i da se nađu u njemu da ga vide, ali uopšte ne govori zašto se tako mnogo toga ljupkog pojavljuje u ljudskom umu onih koji zapažaju ljupkost (posle svega isti zalazak sunca u Alpima koji nas ostavlja razrogačenih očiju možda dat *apriornim* strukturama mozga žabe ne bi za nju ništa značio). Kako god velika bila razdaljina između numenona i onoga

što je čulima saznato, ono što stiže do nas često je tako prijatno i dra-
žesno upakovano da naša čula izgleda kao da su načinjena isključivo
za tu naročitu namenu da nam pošalju numenon uz pomoć intenziv-
no prijatnih načina.

Naravno, ista ustrojstva koja projektuju dobro i zadovoljstvo u
našu svest čine to isto sa zlom i ružnim. Zalazak Sunca koji zlatne zra-
ke sjajnih ostrva svetlosti predivno preliva po horizontu, ostavlja na-
kon svog rumenila hladnu stvarnost budnih bednika koji čuče i tresu
se pred neprijateljskim vratima. Kakva god bila njena anarhična čude-
snost, seksualna ekstaza često se javlja zajedno sa gnojnim ranama,
kolonijama bakterija i neželjenim trudnoćama, koji se odbijaju kao
patnja i šire na mnoge buduće generacije. Kako god sočan grejpfrut, ili
ukusna jabuka, suše i bolesti često obaraju ovo voće pre nego što stig-
nu do ljudske utrobe. A ta utroba, celokupno ljudsko telo, kao celina
anatomsko i fiziološko čudo, takođe omogućava raskošne obroke i bo-
gatu hranu za rast gramzivih tumora. Tako da, kakav god inherentno
dobar fenomenon, zlo često mrlja paket u kome se nalazi.

Zlo, međutim, dolazi *posle* činjenice, a činjenica sama po sebi, kao
čista činjenica jeste dobra. Sveti Avgustin, u *Božjoj državi*, pisao je da
je zlo svojevrsno opadanje, bekstvo dobra. Dobro je došlo prvo; zlo je
usledilo posle njega, kao otpad od postulata, paralogizam od aksioma.
Nema efikasnog uzroka zla, istakao Avgustin, svi su oni manjkavi.
»Ono što zovemo zlom«, pisao je Sveti Avgustin, »jeste samo odsustvo
nečega što je dobro.«[94]

Nalik tišini, ili nalik tami, zlo se podiže samo iz nedostatka, iz ot-
pada, ili otklona. »Sada«, nastavlja Avgustin, »tražiti da se otkriju
uzroci tih dezerterstava – uzroci kao što sam rekao ne efektni, već de-
fektni – bilo bi kao kad bi neko tražio da vidi mrak ili čuje tišinu. Pa
ipak, oboje su nam poznati, prvo kao nešto što saznajemo samo okom,
drugo uvom; ali ne po svojoj pozitivnoj aktuelnosti, već zbog toga što
nam nešto nedostaje.«[95]

Pogledajte pobliže… trula breskva zahteva, prvo, breskvu (u stvar-
nosti, a nikako u gramatici, imenica mora da prethodi pridevu). Ne
može biti seksualno prenosive bolesti bez, na prvom mestu, seksa.
Dok, iza zlostavljanog deteta postoji, samo ono, dete. Kao pukotine na
Pijeti ili mrlje na banani ti pridevi su sekundarni, nikako originalni, in-

truzije posle činjenice, to su narušavanja *posle* činjenice, a činjenica po sebi, kao čisti fakt, jeste dobra.

Deca, breskve, seks – pre bilo kakvog nedostatka, tj. prethodnice bilo kome nedostatku – otkrivaju kreativni dodir veoma nežne i plemenite ljubavi. Mislite o njima, uređenim i oslobođenim svih neželjenih prideva; predstavite sebi dete, nemodifikovano, neizmenjeno.

I sada, to je tamo, u finim oblinama breskve, u dubokim odjecima seksa i po celom detetu. To što kaplje sa drveća, očiglednije je od vazduha, i mi ga osećamo, iako smo uplašeni da ga iskažemo zbog straha da ne zazvučimo budalasto ili nenaučno. Kako god da joj je okrutno oduzeta nevinost, priroda je još uvek u mogućnosti da prevaziđe iskomadanu logiku i poprska nas nagoveštajima nečega višeg, i ispunjenijeg nadom od entropije svemira. Između onoga što je u nama (naših čula) i što je tamo napolju (i što se oseća čulima), jednačine se izvanredno matematički usklađuju, brojevi veličanstveno slažu, čak ako je potrebno da budu usklađeni samo sa našim srcima, a ne glavama, zato što vlažnu tamu uma natapa toliko mnogo prideva i priloga da je mozak suviše zagađen da bi prošao pored pojmova koji menjaju njega samog,[96] a još mnogo manje pored onih koji su se kandžama zarili u primarne činjenice.

Prethodno poglavlje (»Bol drugih ljudi«) postavilo je najneverovatniji zahtev da se Bog utelovi u ljudskost, da Stvoritelj svemira uzme naše telo i da u tom telu na krstu ponese svaki zli pridev i prilog (i svaki zli glagol i imenicu), i da teret sve čovekove podlosti – njegove krivice, njegovih posledica, njegovih kazni – bude dovoljan da Ga ubije. Bog nije imun na naš bol ili zlo; naprotiv, oni su Mu smrvili život, izražen u Isusu, na krstu.

Ako je krst istinit, istinit je samo zato što nas je Bog voleo ljubavlju (kao što je prethodno poglavlje reklo) koja se »širi po hladnim prostranstvima beskraja u grozničave kutke naših strahom ispunjenih, prolaznih života«. Reklo je, takođe, da sa pitanjima tako značajnim, tako konačnim, Bog ne bi otišao na krst a da nam ne da razloge da poverujemo, kao i da je On to učinio, a to poglavlje tvrdi, i da jedan od tih razloga postoji u nepromenjenim činjenicama samima po sebi. Predstavite sebi stvaranje sa koga su svučeni svi neprihvatljivi pojmovi koji ga menjaju (i tada zamislite kako ti pojmovi, odjednom, padaju na Isusa).

Stvaranje ne dokazuje da je Bog načinio svet, ili umro za nas – ono to i ne može. Ono dokazuje samo da hipoteza Boga, Boga *ljubavi* nije empirijski neverodostojna; da logika koja stoji iza tog nagoveštaja nipošto ne zahteva da se odmah pojave iracionalni ili imaginarni brojevi (pozitivni, celi brojevi su sasvim dovoljni); i da vera ne nosi nepodnošljiv teret neverice, ne nipošto kada se u susretu čula sa numenonom stvaraju tako korisni i predivni fenomeni, bez obzira koliko se naši umovi trudili da poruše tu hladnu, jasnu liniju logike zato što je u sukobu sa intelektualnim usmerenjem današnjih literata koji su – posle mnoštva kalkulacija i razmatranja, a iza čega su usledili detaljni laboratorijski, a i eksperimenti na otvorenom – zaključili da nema Boga i da smo proizvod čistog slučaja (što bi moralo da znači kako su čistom slučajnošću stigli do svojih zaključaka). Čežnje našeg tela takoće se bune protiv nagoveštaja o Stvoritelju zato što nam On dolazi teško opterećen moralnim implikacijama. Kakva ironija: to su te iste telesne čežnje koje, kad nas prožmu u zadovoljstvima, ukazuju na Stvoriteljevu ljubav prema nama. Posle svega, odakle se te čežnje i žudnje podižu; zašto se priroda tako trudi da ih zadovolji i zašto nam je tako prijatno kada ih zadovoljimo?

U jednostavnijim, ranjivijim trenucima, kada smo dovoljno poniženi sopstvenom nedoslednošću i izneveravanjem sebe, tako da se zavlačimo pod prepreke ponosa i strasti da ne moramo da slušamo do kostiju bolne povike svog srca, samo tada će sirova, ogoljena lepota *koja je prisutna u prirodi* a tamo *ne mora* da bude. (Da li mravi cene prelep zalazak Sunca ili pacovi umetnički raspoređene šare na krilima leptira?) pevati jasnim stihovima i opuštajućim tonovima punim nade o nečemu što samo srca, ali ne i umovi mogu da čuju.

Ljudski rod mogao bi da preživi pomoću tri ili četiri vrste voća; tri ili četiri vrste povrća, tri ili četiri tipa žitarica; pa zašto onda na stotine vrsta klija iz zemlje i širi svoje zamamne arome baš pred našim nosom? Prirodno odabiranje ne zahteva ništa takvo. Zašto vitamini, minerali i drugi hranljivi sastojci dolaze do nas upakovani u čudnovate i nečuvene sastojke, spojeve, raznolike vlaknaste čestice, oblike, boje i ukuse? Da li je to samo zbog ptica i insekata? Da li se bakterija obliže zbog dobrog ukusa breskve koja trune zajedno sa njom?

Ne budite bezumni. Ako je neko polomio staklo i prosekao sliku Mona Lize u Luvru, da li te duboke rasekotine umanjuju ljubav koju je Leonardo prvobitno udahnuo naslikanoj dami? Tragično je što su povremeno žetve tako siromašne i sušne da ptice kljuju samo strašila; ali (iznova) ne može biti gladi, a da prvobitno nije bilo polja sa pšenicom i kukuruzom, i šta, onda, pšenica i kukuruz (i ječam, i ovas, i soja, i pirinač) govore o Onome koji je prvi umotao njihovo seme u ljusku, pre nego što su voda, tlo, vazduh i sunčeva svetlost podigli klas iz zemlje i pokrili ga slatkim pupoljcima, koji su zatim nalili zrno tako dobrog ukusa u našim ustima, a tako savršeno odgovarajućeg i zdravog za naše ćelije?

Svakako, bogata žitna polja ne opravdavaju moralni argument za Božje postojanje ništa više nego što mirisni i slatkasti vazduh iznad orhideja *a priori* slabi pozicije materijalizma. Spremno se može priznati da intenzivno seksualno zadovoljstvo ne dokazuje da nas je Bog stvorio kao slobodna bića, a ni zalazak Sunca ne otkriva ograničenja logike i razuma u saznavanju Božje ljubavi. Čak ni dete, neizmenjeno, ne pokazuje da je Hristos umro na krstu. Nemojmo čitati više iz onoga što je tamo od onoga što stvarno jeste.

Nemojmo pročitati ni manje.

»Zapitaj stoku, i naučiće te; ili ptice nebeske, kazaće ti; ili se razgovori sa zemljom, naučiće te, i ribe će ti morske pripovediti. Ko ne zna od svega toga da je ruka Gospodnja to učinila? Kojemu je u ruci duša svega živoga i duh svakoga tela čovečijega.« (O Jovu 12,7–10)

7

Fundamentalne konstante

Čovek je«, pisao je Rus Josif Brodski, »strašniji nego njegov skelet«[97] (i žena više od svog, isto tako, a možda, čak, i strašnija). Kost koja nosi šaku ne može sama da uvrne vratne pršljenove, zubi bez zubnog mesa ne grizu (ili ne kleveću) i šta Ossa cranii[98] mogu poželeti da uzmu od neke druge kosti? Kosti ostaju mirne, tihe i stabilne; skeleti simetrični, usklađeni i bezopasni. Tek kada se dodaju meso i krv, onda...

Ako svaka posledica ima svoj uzrok (kako aksiomatski), šta su apriorno Holokaust, Peloponeski rat i Napad na Nanking?[99] Koja izdržljiva ključna kost njiše u sebi ubistvo, pljačku ili otimačinu imanja nekoj drugoj kosti sa svog porodičnog stabla? Zlo je tako tolerantno, toliko bez predrasuda, bez rasističkih mrlja (toaleti pakla nisu segregacionistički podeljeni). Vreme nije usavršilo čovečanstvo, samo njegova oružja; povećano znanje nije uglačalo naš moral, već samo opravdanja za nemoral. Nije zlobni podvig biti u stanju da se pedeset puta uništi život na planeti (sto puta bi bilo mnogo impresivnije, ali kao što je Gete pisao: »Ah, Bože! Umetnost večno traje/ a život naš je kratak kao dah!«[100]). Zlo evoluira, samo dobrota uvek zadržava svoje škrge.[101]

To je Prvi zakon Moralne termodinamike: Zlo na kvadrat je u direktnoj srazmeri sa rđavim koje je nameravano, a na kub u direktnoj srazmeri sa dobrom. Marks je želeo da se proleteri oslobode svojih lanaca, a ne da ih omotaju jedni drugima oko vrata. Jevanđelje kaže da volimo svoje neprijatelje, ne da ih spaljujemo na lomačama. Henrik VIII je želeo samo sina naslednika, a ne glavu ser Tomasa Mora. »Po tome će«, rekao je Isus, «svi poznati da ste moji učenici ako imate ljubav među sobom.« Foksova knjiga mučenika navodi kako su neki Hristovi učenici, koji su to bili samo po imenu, delili tu ljubav jedni prema drugima: »Istukli su ga pesnicama. Zatim su ga išibali konopcima. Opalili su ga žicama. Bio je tučen štapovima. Obesili su ga za pete glavom nadole, dok krv nije počela da mu navire iz nosa, usta, itd. Obesili su ga za desnu ruku dok se nije istrgla, a pošto su ga pri tome spustili, ponovo su ga obesili. To isto uradili su i sa njegovom levom rukom. Zapaljeni papir umočen u ulje bio je stavljen između njegovih prstiju na rukama i nogama. Meso mu je otkidano usijanim, crvenim kleštima. Bio je stavljen na točak. Počupali su nokte sa njegove desne šake. To su ponovili sa levom. Načinili su razrez u njegovom desnom uvu. To su ponovili na levom. Razrezan mu je i nos... Načinili su nekoliko ureza u njegovo telo. Iščupali su nokte na njegovoj desnoj nozi. To isto ponovili su sa njegovom levom. Bio je za bedra podignut i visio je tako neko vreme. Za vreme svih ovih užasnih okrutnosti, naročita je briga preduzeta da mu se rane ne zatvore i smrtno ga ne povrede do poslednjeg dana, kada mu je vađenje očiju pokazalo put u smrt.«[102] Sve ovo, iako je Isus rekao svojim sledbenicima da vole jedan drugoga (zamislite moguće posledice da je Isus rekao: »Po tome će svi poznati da ste moji učenici ako se sviđate jedni drugima«).

Pored nebeskih zapovesti o ljubavi, tu su zemaljske zapovesti o mržnji. Nirnberški proces i suđenje Ajhmanu otkrili su (na primer) da ako je Jevrejin pokazivao bilo kakav otpor, »nacisti nisu mučili njega, već njegovu ili neku drugu jevrejsku decu. Dete bi bilo raskinuto na dva dela vučenjem za noge pred roditeljima; detetova glava bila bi razbijana udarcem o drvo, a krvavi ostaci bili bi dati majci; devojčicu tinejdžerku bi silovali a zatim izboli bajonetom dok bi njena braća i sestre bili primoravani da sve to gledaju«.[103]

Nebeske zapovesti o ljubavi. Zemaljske zapovesti o mržnji. Kakva je među njima razlika, to jest, pošto su obe bile filtrirane kroz ljudski um?

Takva tama, međutim, ostaje ublažena. Postavljena nasuprot crnoj rupi ona nam se podsmeva svojim prljavim jezikom. To je zbog toga što ovi masni komadi nisu izuzeci od pravila, već pravilo, koje glasi: pevaj prave uspavanke i/ili obilno napojen kiselim mlekom, i/ili pokretan »ljubavlju« prema Bogu i/ili poveden dužnošću prema domovini, i/ili nateran glađu – ko ne bi učinio isto, čak i gore? Kako svest brzo poleće na nisko zavijanje stomaka; kako efektno želudačni sokovi nagrizaju čak i najgalvanizovaniji sistem moralnih stavova. I posle šta ostaje osim onog osnovnog i najnižeg sa koga su svučeni svest i sve zaštitne obloge i koji onda ne pokazuju ništa osim kotla neurotransmitera, sinapsi i krvi u kome se nadneseni *Gaist*[104] *vari kao para.*

Što nas dovodi do zaključka da su tako užasna zla, kako god uvredljiva *(čak do incestnih),* samo simptomi, pojedinačni ili društveni grčevi koji odražavaju neobično arhetipsko izmenjeno stanje u nama, koje bi nas navelo da jednom iskopamo drugima oči, kad nam je pocepana ludačka košulja, izbeljena u lokalne boje srama. Posle svega, kad se prekinu dalekovodi koji snabdevaju grad strujom i svetlost se ugasi, kakvim se ljudima ispunjavaju ulice – pljačkašima ili filantropima? Kada je Gig[105] našao čarobni prsten, koji ga je po želji činio nevidljivim, zar nije zaveo kraljicu, ubio kralja i prigrabio vlast? (Šta ste od njega očekivali da učini? Da krade od bogatih i daje siromašnima, zameni tirane filozofima ili spasava bajkovite devojke u nevolji?) Da li je Gig bio naročito zao ili je jednostavno upao u osnovni oblik moralnog ponašanja u koji bismo se uklopili svi mi da nema veštačkih ograda uzdržanosti u koje smo smešteni.

Prema Njutnovom Prvom zakonu kretanja jedan objekat u pokretu produžiće kretanje u pravoj liniji ako se na njega ne deluje spoljnom silom. Zakon ne objašnjava kojim smerom se ta linija proteže ili zašto. Prvi Zakon moralnog kretanja objašnjava i te pojedinosti govoreći da ako se ne deluje spoljnom silom, moralno kretanje je uvek naniže, ako i ne u potpuno pravoj liniji, ipak u dovoljno pravoj bez obzira na sve.

Politička teorija nudi paralelu. U sedamnaestom veku Tomas Hobs[106] je dokazivao da je u prirodnom stanju ljudskog postojanja u davnom, mitskom stanju, pre građanske vlasti, društva i zakona, čovečanstvo živelo »u ratu svi protiv svih« u kome je čovek imao pravo na bilo šta što mu je potrebno da bi na najbolji način preživeo. Dobro i zlo su bili definisani samo kroz okrutni moral preživljavanja: sve što je pomagalo ličnu izdržljivost u opstanku bilo je »dobro«, a sve što je tome pretilo, bilo je »zlo«. Prevara i nasilje bili su vrline kanonizovane u prirodnom stanju, a život je bio »usamljenički, siromašan, neprijatan, brutalan i kratak«. Samo moćni apsolutistički suveren sa neograničenom vlašću, dokazivao je Hobs, mogao je da unese poredak i civilizovano ponašanje među ta sebična, egoistična i nasilna bića. Taj suveren (kao pojedinac sam ili neko telo) bio je »Veliki Levijatan«[107] i on je zadržavao neograničenu hegemoniju nad svakim podanikom na području svoje vlasti, a oni su se, za uzvrat, odricali svih svojih prava da bi dobili stabilnost i bezbednost koje je Levijatan nudio.

Koliko god bila ekstremna, hobsijanska pozicija mnogo otkriva, i to na ponižavajući način. Ono što ona kaže o ljudskoj moralnoj prirodi jeste da ta priroda zahteva nešto što je obično korumpirano, neefikasno, nasilno i što služi sebi (to jest vladu) samo da bi sačuvala ljude od neprestanog »rata svih protiv svih«, osnovnog oblika moralnih postavki.[108] Levijatan ne menja ljude, već koristeći pretnju silom (teror – kako ga Hobs naziva), čini da ljudi *postupaju* sa više uzdržanosti, sa manje otvorenosti u svojim izrazima straha, sebičnosti, i nasilja – to je sve. Kako je ironično (a još više i otkriva) da čak i Levijatanovim mačem (i ponekad baš zbog njega) život za milione ljudi bez obzira na sve ostaje »usamljenički, siromašan, neprijatan, brutalan i kratak«.

Uprkos svemu, nakon izvlačenja na svetlost iz toplog ožiljka na nultoj tački, ili osećajući trag čizama na svom licu (možda, čak, i na nečijem *tuđem* licu) ili udišući miris baruta sa dalekih polja smrti, mnogi se još uvek drže rusoovskog shvatanja da – uprkos delu pohlepe, nasilja, sebičnosti, incesta, krađe, pedofilije, nekrofilije, besramnosti, paljevine, vandalizma, prevara, pobuna, nasilnosti, terorizma, prostitucije, korupcije, laži, ljubomore, prevare, pljačkanja, zaplene, silovanja, kidnapovanja, preljube, mučenja, rata, haosa, ubijanja dece, pogubljenja rodbine i genocida – ljudi su u osnovi dobri i, ako bi nekome od njih pukla koža, dragovoljnost bi mu odmah iskapala iz te rane, kao i da neki prijateljski duh viri iz kostiju čak i najgoreg čoveka, i da nam je samo potrebno da zaronimo duboko u sebe da bismo povratili taj spektar dragovoljnosti, pun osmeha, dobre volje, blagodatnosti i lepote.

Međutim, ta pozicija, uznemirena je čitavim nizom preživljenih pojedinosti i/ili istorijskih izazova, a ceo dvadeseti vek je za to očigledni primer. Taj humanistički optimizam jeste tvrdnja vere, koja zahteva neki nagoveštaj transcendencije nepristupačan empirijskoj potvrdi, a on na najokrutnijem nivou i u najviše mogućih pravaca i oblika razbija paradigmu Prijateljskog Duha.

Mnogo prikrivenija zagonetka, međutim, stvara metež u drugom planu, ona paralelna godelijanskom paradoksu koji je imao svoj vrhunac u drugom poglavlju (»Hemijska dilema«), i ona se bavi nesposobnošću nauke da potvrdi samu sebe zato što je nesposobna da iskorači izvan sebe i pogleda svoje pretpostavke, metodologiju i zaključke iz veće i šire perspektive. »Kako će, uopšte, neko suditi o x«, pitala se rečenica, »kada je x, samo po sebi, već kriterijum koji se koristi u suđenju?« Na isti način kako ljudi mogu da prosuđuju o moralu kad su precizne sposobnosti za suđenje (običaji, svest, društvene norme, građanski zakon) bile umrljane moralnim predrasudama pomoću kojih smatraju da prosuđuju? Kako mogu bića, umrljana svojim sopstvenim moralnim kršom, na častan način odvagnuti pitanja koja se tiču moralnosti? Bez nekog spoljnog sredstva, mi ne možemo da vidimo ni svoje oči, pa čak i tada, pošto se odbiju od uglačanog stakla, ove dve globule treba da budu raščlanjene u tome što su same, po svojoj suštini, pre nego što nam postanu dostupne za gledanje (sudija, oslobađajući samog sebe, pronašao je da nije kriv). To je kao razmišljanje o misli. Razmišljanje se brzo spetlja sa svojom sopstvenom misli (u najmanju ruku neko tako misli).

I tako, da su nam postavljena, bilo koja inherentna epistemološka ograničenja, mi se vraćamo presudnom pitanju: Postoji li jedno objektivno moralno merilo, transcendentni zakon po kome se procenjuju dobro i zlo – ili je moralnost samo subjektivna konstrukcija, jedinstvena metafizička dimenzija koja tajnovito prianja uz čistu materiju (kao dirljivost i uzvišenost dodati pojmu apsolutne nule)? Ili neki moralni kodovi prethode ljudima, nešto, što nas ovde, sve sreće, nešto u šta smo usuti (kao u zakrivljeni prostor), ili je moralnost a posteriori izvučena iz ljudske prirode, nečega što vrca i izmigoljava se iz nas, kao pank muzika i dadaistička umetnost. U prvom slučaju o ljudima se prosuđuje na osnovu prepostojećih merila; u drugom ljudi sami konačno prosuđuju ta merila, jer su oni njihovi tvorci, oni su im nadređeni, oni su im prethodnici i oni imaju autoritet da ih promene ili napuste.

Ukratko, tu je čovečanstvo i tu je moralnost – a čovečanstvo stoji u odnosu prema moralnosti kao što bi stajalo prema Suncu, ili mašti.

Na bilo koji način, složiti se da je mučenje dece *zlo*, ili da je hranjenje gladnih *dobro*, znači podrazumevati postojanje moralnog diktata koji definiše dobro i zlo, bilo da je taj diktat došao prethodno zapakovan mesečevom svetlošću ili curenjem iz uglova usana sentimentalizma i serotonina. Filozof Ajer (za koga moralnost nije ništa osim ogranka psihologije i sociologije) priznaje kako »mi pronalazimo da je u razmatranju moralnih pitanja argument moguć samo ako je pretpostavljen neki sistem vrednosti«,[109] mada on odbacuje opravdanost bilo kog moralnog sistema zbog toga što su svi oni, po njegovoj tvrdnji, »van težišta argumentacije«[110] (ne baš pozicija koju bi neko ko je pretučen, silovan i opljačkan pronašao kao ubedljivu).

Da bi dela bila moralna ili nemoralna, prvo moraju biti u kontrastu sa sistemom većim od sebe, jednim koji se nadnosi nad njih u unapred određenim sudovima. Koncept »dobra« i »zla« zahteva da, zbog njihovog postojanja samog po sebi, makar, ako ništa drugo, *merilo* dobra i zla bude definisano. Drugačije bi se moglo reći da li je – pretući ženu na smrt ili je samopožrtvovno spasti iz požara – moralno, u najmanju ruku, isto koliko i da li ste izabrali kikiriki maslac sa komadićima ili onaj bez njih.

Australijanac Brajan Medlin,[111] predlažući jednu etički egoističku filozofiju (koja kaže da svako treba da gleda samo svoj lični interes i zanemari onaj drugih, osim ako njihov interes doprinosi njegovom), tvrdi da ako hoćete da dođete do bilo kog zaključka na moralnom području morate imati bar jednu etičku premisu, nešto s čime ćete početi. Drugim rečima – merilo. Moral zahteva merila kao leš smrt. Same kategorije dobra i zla podrazumevaju, bilo naglašeno ili prećutno, moralnu normu koja prevazilazi individualni ukus; na svaki drugi način ako bi se individualni ukus priklonio mučenju dece, to bi delo moralo biti smatrano moralno prihvatljivim.

A ono to nije, i svako zna da nije, međutim samo zbog toga što se o tom samome delu sudi, i osuđuje se, merilom koje mu je prethodilo i koje je iznad njega. Bilo koji materijal da čini njegove konture, bilo koje nijanse i tonovi da slikaju njegov prikaz, koja god težina, uglovi ili linije da definišu njegov centar, to merilo (ili bilo koje drugo) jeste kao vreme – uvek se tamo nalazi.

Moralna neutralnost za moralna bića je isto toliko nemoguća koliko i prostorna neutralnost za prostorna (to što imamo masu, zauzimamo prostor – kao kod svih prostornih tela [takvi smo i sami] – znači da bez obzira kuda da odemo, čak do najtamnijih uglova svemira, uvek ćemo biti u nekom *prostornom* odnosu prema Zemlji, prema Mesecu, prema Betelgezu, prema svakom drugom telu koje zauzima prostor, bez obzira koliko je udaljeno ili daleko). Tvrditi da smo moralno neutralni znači izreći moralnu tvrdnju. Gledati kako jedan čovek ubija drugog, iako smo u stanju da ga zaustavimo, tvrdeći da smo neutralni, i da ga zato ne sprečavamo, jer taj čin znači delovanje sa očiglednim moralnim posledicama. Ne zauzeti moralni stav o (na primer) rasizmu, odbiti njegovu osudu ili odobrenje, znači zauzeti moralni stav o rasizmu. Ne osuđujući, vi sudite. Izabirajući da ne birate, učinili ste izbor; samo delo se suproti onome što tvrdi.

Međutim, zašto bi ljudska bića, po pretpostavci »materija sa šupljinama«, imali bilo kakvo moralno merilo, čak i ono koje izričito osuđuje mučenje dece? Iako (priznajemo) je letvica, kao merilo – prečaga u skoku uvis, ovde dosta niska (čak i izraz »niska« automatski zahteva neko prethodno merilo [niska u poređenju sa čim?]), odakle je ta letvica prvo došla i zašto se samo ljudi – u suprotnosti sa orlovima, slonovima i ovcama (još više »materije sa šupljinama«) – osećaju obaveznima da se prema njoj ravnaju?

Pitanje postaje još složenije kada je letvica pomerena, podignuta i postavljena na stvarno zavidnoj visini, sve do čestitosti, časti, hrabrosti, obzirnosti, samopožrtvovnosti, ljubaznosti, vernosti i poštenja, gde je metafizika morala rastresitija i prozračnija od tupog i surovog mučenja dece. Nije teško razumeti, na izvestan način, zašto većina kultura zabranjuje silovanje, ubistva, krađe, ili seksualne odnose sa decom. Merilo iza tih zabrana može da se izvuče iz istog potpuno hladnog materijalizma koji postavlja i meru za izduvne gasove dizel kamiona.

Kako su se, međutim, ti drugi koncepti (čestitosti, ljubaznosti, časti, hrabrosti, obzirnosti, vernosti, poštenja) – nipošto neophodni u odnosu na preživljavanje, ili mu čak mogu smetati – prošli u ljudsku paradigmu? Odakle oni dolaze? Životinje u džungli ne bi dugo potrajale ako bi čast, samopožrtvovnost i ljubav uzurpirale njihove instinkte (Koji bi majmun dodao bananu ranjenom lavu?) U darvinovskom mo-

delu materija koja je mutirala prema milostivosti, praštanju i samo-
požrtvovnosti trebalo bi da bude sahranjena pod sedam metara mulja
(negde između trilobita i *Australopitekusa*); njegove filogene grane
trebalo bi da budu isušene grančice sa hladnim mrtvim pupoljkom na
kraju, a ne snažna grana koja svom silinom daje izdanke bogate li-
šćem i bujnog procvata. Hrana (a ne praštanje), voda (a ne milosti-
vost), zaklon (a ne samopožrtvovnost) zadovoljavaju osnovne potre-
be preživljavanja. Moralnost je neobjašnjivi razvoj među onima koji
su odredili da najsposobniji prežive, samo oni koji su dostigli gornji
sloj tla i prostor iznad njega.

Očigledno je, tada, da neki moralni kod, neki nepisani zakon, pre-
vazilazi načelo zadovoljstva – etičku metafiziku empiristička filozofi-
je, u kojoj se »dobro« izjednačava sa onim što daje zadovoljstvo, a
»loše« sa onim što vam zadaje bol – i tačka. Kako god orgazmički, lju-
di bivaju »udareni« nekom moralnom svesnosti, koje amputiraju nji-
hove senzorne organe, ispiraju im navalu endorfina, nešto što ljudi ia-
ko okoštali u kulturi, društvu i ličnim iskustvima univerzalno prihva-
taju kao merila, iako ih samo nestalno slede.

»Zamislite zemlju«, pisao je C. S. Luis, »u kojoj se dive ljudima
koji su pobegli iz bitke, ili u kojoj se čovek oseća ponosan što je dva-
put prevario sve koji su bili ljubazni prema njemu. Možete isto tako
pokušati da zamislite zemlju u kojoj su dva plus dva pet.«[112] Ako je
onaj koji je pobegao iz bitke i dvaput prevario ljubazne ljude crpio čak
i zadovoljstvo iz svojih postupaka, njegova dela ipak stoje osuđena,
bez obzira na zadovoljstvo iz njih, a možda čak i više *baš zbog tog za-
dovoljstva*. Međutim, ko je osudio ta dela? Koja porota, koji sudija, na
osnovu koga merila? Sasvim očigledno na osnovu onog koje prevazi-
lazi hedonizam i definiše dobro i zlo, nečim višim nego kvantima ne-
ke hemikalije objedinjene na krajevima nerava.

Merilo, možda, tako visoko, duboko, precizno i nepopustljivo da
su čak i najbolji ljudi omalovaženi pred njim? Možda je letvica prive-
zana kaišem preko prostora na kome se, stojeći na vrhovima prstiju i
opružajući svoje mišiće dok im ligamenti ne popucaju, čak i najsvetiji
bezuspešno pružaju? Nije tako udaljen nagoveštaj (taj o tom ekstrem-
nom merilu), ne, stvarno ne, kada priroda sama, kao što nam je otkri-
veno (dovoljno ironično) putem nauke, baca kocku pred nas.

Pitagorejci su vekovima pre Hrista ushićeno i poneseno govorili o »muzici sfera«, divljoj slici u stvari, jer su od unutrašnjih granica atoma do najhladnijih nabora zakrivljenog prostora, harmonija, uravnoteženost i orkestracija dokazali da su muzičke note suviše bumbarske, suviše ravne i strahovito nezgrapne (kao uvijanje postulata u celofan) da bi se njima mogla izraziti prikladna metafora kosmičkih relacija.

Uzmimo, na primer, nuklearnu silu koja drži atomska jezgra da se ne raspadnu. Margina greške je ovde toliko neznatna da bi najmanja promena sile, čak tiho »podrigivanje«, prouzrokovalo da se ljudski život (onakav kakav poznajemo) nikada ne podigne iz prašine. »I tako u svetu u kome bi nuklearna sila bila samo nekoliko procenata jača«, pisao je fizičar, matematičar Pol Dejvis, »ne bi bilo nimalo vodonika koji bi preostao od Big benga. Nikakve stabilne zvezde, kao što je naše Sunce, ne bi mogle da postoje, ne bi mogla da postoji tekuća voda.«[113] Ne bismo, naravno, mogli da postojimo ni mi.

Otklon od nekoliko procenata, međutim, jeste grub, skoro nasumičan u poređenju sa izuzetno malom marginom dozvoljene greške za sile u zvezdama, koje su tako delikatno usklađene da otklon od $1:10^{60}$, što je fantastično mali broj, ne bi dozvolio našem Suncu da se oblikuje (što znači da ne bi bilo ni nas). Ta neverovatna usklađenost još je jedna od onih koje Dejvis naziva »na izgled čudesnom saglasnošću numeričkih vrednosti koje je priroda dodelila svojim osnovnim konstantama«.[114]

Postoji još više takvih »na izgled čudesnih« fundamentalnih konstanti, između sile gravitacije (koja objekte drži zajedno) i sile Big benga (koja ih razdvaja). »Da je«, pisao je Dejvis, »Big beng bio slabiji, svemir bi se potpuno zdrobljen ubrzo srušio. Sa druge strane, da je bio jači, kosmički materijal bi se rasejao tako brzo da se galaksije nikada ne bi uobličile. Struktura svemira, kako god posmatrali, izgleda da veoma osetljivo zavisi od preciznog usklađivanja eksplozivne snage sa gravitacionom silom.«[115]

Koliko preciznog usklađivanja? Ako bi sklad promašio samo za $1:10^{60}$, mi ne bismo mogli da postojimo. »Dati značenje tim brojevima«, pisao je Dejvis, »znači pretpostaviti da želite metkom da pogodite metu od oko tri santimetra postavljenu na suprotan kraj svemira, koji možemo da posmatramo, što znači na udaljenost od 20 milijardi svetlosnih godina. Vaš bi pogodak trebalo da bude u centar ove mete da bi pravilno predstavio razmeru 10^{60}.«[116]

A sad pretpostavimo da su moralne komponente u svemiru bile isto tako precizne, isto tako temeljite i osnovne kao i fizičke do sada spominjane? Posle svega svemir sam po sebi i svojoj osnovnoj postavki nastupa sa moralnim komponentama – verovatno je tako. Dokle god moralno svesna bića kao što smo mi postoje u matrici, moralna neutralnost nije ništa više moguća za svemir nego za nas. Čak ako bi hladni, bezlični, svemir bio bez Boga, on bi još uvek imao konačne moralne implikacije i posledice za bića čija je sudbina određena prirodom svemira, bez obzira šta obuhvata.

Vekovima ranije rimski orator Ciceron, stavljajući reči u usta stoičkog filozofa, pisao je:»On ide dalje utvrđujući osnov za svoj argument: 'Ništa čemu nedostaje vitalni duh i razum ne mogu od sebe doneti bića obdarena životom i razumom. Stoga, svemir je obdaren životom i razumom.' On isto tako snažno obrazlaže svoj dokaz omiljenom tehnikom simile, a on glasi: 'Ako bi frule koje melodično sviraju nicale na maslinovom drveću ti sigurno ne bi imao ikakve sumnje da maslinovo drvo ima neko znanje o sviranju frule; iznova, ako bi platan donosio frule koje sviraju jasnim i pravilnim tonovima ti bi takođe, pretpostavljam, prosudio da su platani majstori muzičke umetnosti. Zašto se onda svemir ne smatra nadahnutim i mudrim kad od sebe donosi stvorenja koja su nadahnuta i mudra?'«[117] Zbog čega se ne bi smatrao i moralnim, jer je doneo moralna bića? Posle svega moralna bića ne mogu ništa više da proizađu iz amoralnog svemira nego što *Sonata No.3 u E–duru* može da proizađe iz Betovenove statue, zar ne?

Šta ako taj moralni svemir podrazumeva i fundamentalne *moralne* konstante, isto toliko precizne koliko su precizne i fizičke? Šta ako su margine grešaka na moralnom području isto tako nepopustljive, isto tako netolerantne prema otklonima kao što su sile koje pouzdano usklađuju zvezde? Pre takvog merila, tako delikatnog, tako usavršenog, tako preciznog i nepokolebljivog, mi možemo samo grubo da grešimo i jecamo kao grubi, nemoralni i svirepi ljudi isto toliko nesposobni da cene to merilo, a još manje da ga slede, koliko su i majmuni nesposobni da cene trigonometriju a još mnogo manje da izračunaju kosinus.

Tako »na izgled čudesna saglasnost numeričkih vrednosti koje je priroda dodelila svojim osnovnim konstantama« naravno *ne dokazuje* da je moral paralelan i da jednostavno postoji kao nešto osnovno, ili kao same konstante, ništa više nego što priroda naše kože *dokazuje* da je velikim, oštrim predmetima ne treba bosti. Međutim ako moralni zakoni dolaze prethodno zapakovani sa fizičkim zakonima i ako su te fundamentalne *moralne* konstante isto toliko precizne kao i fizičke, šta bi one bile? Šta bi one zahtevale? I ko bi mogao da stoji pred njima? Nešto što odražava 1: 10^{60} u preciznosti ne ostavlja, posle svega, mnogo prostora za lagani prolaz bićima čiji moralni izbor stiže u mnogo zaokruženijim proporcijama.

Takođe kako bi bilo fer suditi pomoću takvog merila, a ne znati šta je ono? Zašto bi Bog podižući letvicu tako visoko (Ko bi drugi?), učinio nešto mnogo niže od te prečage kao što bi bilo osuđivanje bića zato što krše zakon koji nikad nisu saznali? Zar čineći to ne bi osudio samog sebe? Jedini izlaz iz ovog paradoksa bio bi, tako se čini, da On sâm otkrije tu moralnost?

A šta ako je On to učinio, ne u brojevima, ne u formulama ili jednačinama, nego u epohalnom izrazu samopožrtvovne ljubavi? Šta ako su moralni ekvivalenti tih nepogrešivih fizičkih usklađenosti izraženi ličnošću Isusa Hrista čija je svaka reč i delo objedinila sve fundamentalne svemirske moralne konstante u jedan život? Šta ako je, iako je Stvoritelj Isus postao krotak, ponizan i jednostavan, zauvek pokazujući da su ponos, samouzvišenje i sebičnost prekršaji univerzalne moralnosti? Šta ako je, prazneći se od Sebe i primajući ljudskost, Isus živeo samo da blagosilja druge, čak druge koji su Ga mrzeli zbog Njegove krotosti, poniznosti i jednostavnosti, pa ih je, uprkos tome, On voleo zato što takva ljubav, bezuslovna ljubav – više od gravitacione ili jake nuklearne sile ili elektromagnetizma – učvršćuje rubove svemira? Pretpostavimo, iako stalno kušan, Isus *nikada nije ni za tren* pokleknuo pred pohlepom, požudom, ljubomorom i služenjem sebi zato što je sam postavio prečagu iznad njih. Pretpostavimo da Isus nikada nije sišao sa staze savršene pravde, savršene svetosti, savršene poslušnosti zato što savršena pravda, savršena svetost i savršena poslušnost jeste upravo ono što je Njegov zakon zahtevao? Šta ako je Njegov život bio božansko otkrivenje temeljne moralne konstante, izražene u ljudskosti kao ljudskost u korist ljudskog roda, iako je to nesebična ljubav za druge čak i da lično mnogo košta? Šta ako je čitavo Njegovo življenje bilo uvek samo na dobro onih koji nisu mogli da učine ništa za Njega i velikim delom neće ceniti ono što je On učinio za njih – i ako takvo odricanje od sebe obuhvata srž celokupne istine? »Po tom poznasmo ljubav što on za nas dušu svoju položi; mi smo dužni polagati duše za braću.«(1. Jovanova 3,16) Šta ako Njegov uzvik, na krstu: »Oče, oprosti im« (Luka 23,24), ostaje vrhovni izraz moralnog zakona: praštati onima kojima se ne može oprostiti i voleti one koji se ne mogu voleti – šta ako ti zahtevi stoje kao najniži zajednički etički imenitelj svega stvorenog, osnovna linija celokupne moralne egzistencije, i šta ako bi bilo koji otklon, čak i onaj od 1: 10^{60} narušavao ovu nenarušivu granicu? Zamislite šta bi to značilo ako Isus – koji nikada nije sagrešio, nikada nije pomislio zlu misao, nikada nije bezrazložno izrekao nijednu neljubaznu reč, nikada sebe stavio ispred drugih, predstavlja merilo kome će sve naše reči, misli i dela biti stavljeni nasuprot u oštroj svetlosti sudnjeg dana?

U takvim uslovima naši prvi principi se razgrađuju. »Dobro«, »zlo«, »ispravno« i »pogrešno« zahtevaju novi zapis, nov način izgovaranja, čak novu azbuku (nove definicije nisu dovoljne). Ovo merilo naređuje svim stvarima, samima po sebi, filtrirajući svaki drugi moralni centar, ostavljajući ih kao gomilu grešaka i iluzija koje su želele da se provuku.

Naše »dobro« ne siluje, ne proneverava, ili ne ubija, ali zato želi tuđe, požudno je, i ljuti se (čak i u 1: 10^{60} deliću sekunde) i u tim presudnim trenucima zlo zagađuje iznutra. Dobro zaista veoma lako gazi po licu Zemlje, i ako njegovi nežni koraci ne narušavaju naša pravila, oni gaze Božja. »Plemeniti izbor« lopova da ne pokuša krađu krunskih dragulja ne čini ga poštenim ništa više nego što izbor poštenog čoveka da ne ubije svoje neprijatelje od njega ne čini sveca. »Dobro« je relativno kao i merilo koje ga definiše; tako da sirovo i grubo merilo definiše sirovo i grubo »dobro«. Dobri su samo bolji od rđavih (koliko je i Al Kapone bolji u poređenju sa Jozefom Gebelsom), ali to ih ne čini Dobrim, ne u odnosu prema božanskom merilu otkrivenom u Isusu, prema kome i najbolji u predaji moraju da podignu ruke. Šta drugo i mogu da urade kada merilo zahteva da se ne svete svojim neprijateljima nego da ih vole, da im čine dobro, mole se za njih i opraštaju im? Dobri zaista ne uzvraćaju šamarima onima koji su ih prvi udarili, međutim da li bezuslovno okreću svoj drugi obraz za sledeći udarac? Da li najbolji uvek dragovoljno nude drugi sat hoda onima koji su ih naterali na prvi, ili nude košulju onima koji su im uzeli haljinu? Prosečni na Zemlji poštuju zakon protiv silovanja, incesta, ubistva, krađe; ali ko može da se proglasi savršenim kad se spomene želja za nečim tuđim, ljubomora, sebičnost i požuda, naročito kad te ptičice tako slatko pevaju u svakom prozoru na vidiku? Ko uvek živi za dobro onih koji ga mrze i povređuju; ko ostaje nevin kada grčevi sebičnosti, mržnje, ljubomore ili besa počnu da se obeležavaju kao prestup? Veoma čvrsta merila za rod čija je osnovna postavka pljačka.

Upoređene sa tako snažnom belinom (moralna pozadina svemira) naše mrlje se pojavljuju u svoj upečatljivosti svoje prljavštine uprkos nečistoći i trunju u svakom oku. Ako pravednost zahteva da sve što je Isus rekao bude ostvareno i ako zlo po prvi put nije izraženo padom u nekom tamnom sokačetu iza kafanskih jazbina ili dimom zaklonjenih senki, već i samim saplitanjem u polusenci Hristovih reči, tada su i mala odstupanja najboljih potpuni promašaji i moraju se proglasiti moralnom tamom. Ako ljutnja, ljubomora ili želja za nečim tuđim krši božanski zakon, kakav je tada legalni status planete na kojoj ta osećanja ne ostaju samo tihi hemijski procesi sakriveni iza kostiju, već često nalaze svoje izraze u delima koja su u sukobu čak i sa našim nazadnim merilima.

Kako Bog, koji je, dok je bio u telu, otkrivao samo ljubav, milost i ljubaznost, gleda svet u kome se mržnja, osveta i tlačenje utelovljavaju sa jutarnjom rosom? Kako Bog, koji se ispraznio od Sebe, za dobro drugih, gleda svet čija je osovina podmazana eksploatacijom i pohlepom? Kako Bog, koji je isceljivao one koji su patili, posmatra svet u kome je nasilje rašireno koliko i glodari? Kako On, koji je opraštao onima kojima se ne može oprostiti, procenjuje planetu na kojoj su čitavi narodi pokretani osvetom; ili, pošto je otkrio potpunu moralnu čistotu, kako gleda na postojanje u kome požuda boji sve kulture? Kako Bog, koji je kroz Isusa otkrio svoje savršeno moralno merilo, gleda svet u kome je svaka osoba prezrela to merilo, a mnogi od njih sve do užasnih krajnosti okrutnosti i besramnosti?

Posmatra ga u bezuslovnoj ljubavi – eto kako. Ako bi drugačije učinio narušio bi svoje temeljne moralne konstante. Hristos je umro ne uprkos našem nasilju, nečistoti, zlu i osveti, već *zbog* njih; *uprkos* njima On je *voleo* svet, ali zbog njih je umro za njih. Mi smo toliko pali ispod merila da je samo smrt nekoga jednakog Bogu mogla da otkupi ono što smo učinili, a tim Njegovim delom, to je ostvareno. Ako se zlo definiše, ne onim što je u modi na području morala (posle svega poznato je da tokom velikog dela istorije ropstvo nije smatrano zlom) već Božjim večnim i nepromenjivim zakonom – tada su svi, od Nerona do Hitlera, od Majke Tereze do Gandija, podbacili, često veoma jadno (neki znatno jadnije od drugih – zašto i to odmah ne reći).

Tamo gde je svet počinio silovanje (a ne samo požudu), ubistvo (a ne samo mržnju), krađu (a ne samo želju za nečim tuđim), Isus nije učinio ništa od toga (čak ni u zagradama), i velika je tajna zašto je Bog dozvolio da Njegov savršeni život stane umesto onih koji su počinili sve ovo. Pred našim zakonima padamo kao oni koji ih nismo održali, pred Božjim nismo čak ni na grafikonu bilo kakvih dostignuća, i to je razlog zbog koga je Isus ponudio svoje moralno ostvarenje u našu korist, da bi bilo kome ko ga prihvati, ovaj dar mogao da se uračuna kao da ga je sam postigao. Temeljne moralne konstante, koje je svet tako nasilnički pogazio, u Isusu su bile susretnute i zadovoljene; i osnov Jevanđelja jeste da najgorima od nas pa sve do onih najboljih, Bog nudi Hristovo zadovoljenje božanskog merila kao nebeski dar za svako ljudsko biće na Zemlji, da kakva god da su bila njihova nesavršenstva, mogu stati pred Boga u savršenstvu samog Hrista.

»A znamo da ono što zakon govori, govori onima koji su u zakonu, da se svaka usta zatisnu, i sav svet da bude kriv Bogu; jer se delima zakona nijedno telo neće opravdati pred njim, jer kroz zakon dolazi poznanje greha. A sad se bez zakona javi pravda Božja posvedočena od zakona i od proroka; a pravda Božja verom Isusa Hrista u sve i na sve koji veruju; jer nema razlike. Jer svi sagrešiše i izgubili su slavu Božju, i opravdaće se zabadava blagodaću njegovom, otkupom Isusa Hrista, kojega postavi Bog očišćenje verom u krvi njegovoj da pokaže svoju pravdu oproštenjem pređašnjih greha.« (Rimljanima 3,19–25)

Pokrenut bezuslovnom ljubavlju Bog ne samo što je otkrio svoje merilo, već je obezbedio sredstva da to merilo sretnemo, Hristovu pravdu, pravdu koja dolazi od Njegovog savršenog držanja merila, a koje bi, na svaki drugi način, osudilo svakoga. Umesto toga Isus se za svakoga suočio sa osudom, noseći na sebi posledice našeg zla, dok nam nudi vrednosti Njegove dobrote, a to je obećanje postojanja ni sa jednom od pojedinosti koje nas sada pretvaraju u prah.

On još predstavlja to obećanje kao dar (zamislite drskost onoga ko pomisli da bi ga neko mogao zaraditi) svakome od onih ko će ga uzeti, prigrliti i učiniti svojim. Na drugi način, ono što nam život nudi jeste, konačno, smrt; u suprotnosti sa tim, ono što nam smrt (Njegova) nudi jeste, konačno, život – večni život za bića, koja su bez Njega, strašnija od svojih skeleta.

8

Večni Delilac

Govoreći (ili pre, pišući) o leptirici koja je treperila na njegovom dlanu kao plamičak bez toplote, Josif Brodski žali kratko postojanje nesrećnog insekta:

> ...Jedva
> mogu da kažem
> »živela« – a istog trena
> kada si rođena
> na mom si dlanu
> nestala, ali meni
> ne da mira
> jedan iznos od dva zbira
> u istoj dnevnoj smeni.[118]

Ipak, istina je da Brodski ne žali nad insektom, već nad samim sobom i nad nihilističkim količnikom koji omeđuje njegov život, tako da sva maltuzijanska[119] računanja – bez obzira da li su vešto i lukavo izvođena ili natapana žarkim molitvama – uvek daju isti iznos: nulu. »Zato što su dani«, kaže on lepoj lepidopteronki (preterivanje, čak i po merilima uličnog šetača), »za nas /ništa, oni su/ ništa.«[120] To ništa jeste nula, i ako se doda 365 puta i pomnoži sa 60,70,80,90, ili čak sa 930 (»Tako požive Adam svega devet stotina i trideset *godina*«) uvek je na kraju jednako nuli.

Brodski je osetio da je leptirica stvorila »laku pregradu između«[121] njega i ništa, beznačajnu razliku između njegovih godina i leptiričinog dana kada se podele sa večnošću. Zapisani iznad ovog delioca – njegove godine, leptiričin dan, Adamovi dani tokom svih 930 godina – kakva je uopšte razlika? Svi su progutani jednim hladnim, nepoznatim zbirom. Ako je (kao što je Galilej rekao) matematika jezik prirode, tada brojevi postaju genocidni, a integrali rastužujući i prokletnički.

»Egzistencija prethodi esenciji«, predstavlja postulat koji je postavio Sartr; ali ako je sva ljudska egzistencija podeljena večnošću, najniži zajednički imenitelj na kome sve što je privremeno počiva, kontinuum na kome se svi naši trenuci, časovi, dani, godine čupaju sa mesta, kao seda kosa – tada naš život, i bilo koja konačna egzistencija mora da bude jednaka nuli. Privremeno, podeljeno sa večnošću, daje kao rezultat ništa, a kakva bi se se onda vrsta esencije mogla ekstrahovati iz tog ništa? Možete isto tako otići u St. Petersburg da biste pozajmili rublje od Rodiona Ramonoviča Raskoljnikova ili u Joknapatavpa Kaunti[122] da kupite mulu od Bajarda Sartorisa.

»Mnogo je tuge u šali Tvorca«,[123] kazao je Brodski nežnom pigmentu između svojih prstiju. Samo za nas nije šala to da svako od nas bude brojilac iznad jednog zajedničkog imenitelja koji deli naše živote u jednostavne linije nula, nanizanih na bilo kojoj strani decimalnog broja. To, na kraju, znači živeti za ništa. *Hebel* je bio ono što su stari Jevreji zvali »parom,« »dahom«,[124] to su dela koja dolaze do potpune bezvrednosti, do praznine idola, do bogova od kamena ili drveta, i samo su nekoliko atomskih orbita iznad praha i pepela. Individualna dela *hebel* su dovoljno frustrirajuća i beskorisna. A šta ako *sva* naša dela, sakupljena, izbrojana i složena završavaju i svode se na nulu. Šta može biti značajno na levoj strani od znaka jednakosti, ako sve ono što je na desnoj, ne znači ništa?

Naravno, i »ništa« predstavlja nešto. »Ništa« je reč; ona ima definicije (mnogo njih, u stvari). U *Vebsterom enciklopedijskom* neskraćenom rečniku engleskog jezika (1989), »ništa« ima trinaest značenja. Trinaest![125] Bilo šta što ima trinaest značenja mora da nešto znači, čak iako ne (u ovom slučaju) bilo šta što želimo za svoj život, ne sa svim bolom, strahovima, iskušenjima i traumama koji mu prethode, svim delovima celine, koji, kad se sakupe zajedno, dolaze do velike, debele

»0«. Nešto je veoma pogrešno u ovoj matematici, ali ako brojevi ne lažu, tada ljudi moraju da lažu, u najmanju ruku sebe same.

»Čovek nije ništa drugo nego njegov plan«, pisao je Sartr, »i on postoji samo do one mere do koje je sebe ispunio; stoga on nije ništa drugo do odraz sopstvenog dela, ništa drugo nego sâm život.«[126] Za Sartra ljudski život nema a priori značenje. Samo ono što unesemo u život definiše život; sve što smo, ili što bilo kada možemo biti samo je *a posteriori*. Šta god da su fino izatkane niti koje odevaju naš pogled na svet, skupoceni ornamenti koji doteruju i ukrašavaju naše dane, stihovi koji elokventno imitiraju naše pokrete – brojevi ih sve ipak smrskavaju. Bilo da je to doba heroja ili doba Ciborga,[127] kada se pomnoži sa nulom (ili podeli sa večnošću), razlomci ostaju pakleni, zbirovi nepodnošljivi.

Čak i kad bismo bili u stanju da oblikujemo značenje svoga života, bili u stanju da stvorimo opravdanje za naše postojanje, i bili u stanju da izvučemo žilave izraze o našim osobinama koji dobro objašnjavaju ko smo i šta značimo – pa šta? Bez obzira koliko su bila elokventna, usavršena, ili logična sva naša značenja, opravdanja, i izrazi, pre nas je postojala večnost koja ih nije uključivala i zatim će uslediti jedna posle nas, isto ekskluzivna večnost koja nas ostavlja teško opterećenim beznačajnošću, između te dve večnosti.

Neobično su postavljene jedna pored druge, ovo »teško opterećenje« i »beznačajnost« (jer mi obično mislimo o »beznačajnosti« kao o praznom prostoru, odsutnosti, vakumu), ali to nije izraženo i u ovom slučaju zato što ovde čak i nula ima svoje značenje, čak i ako to nije baš ono što želimo za sebe. Nula, ništa, to nisu pridevi, dopune ili predikati koje želimo, čak iako tako mnogo ljudi produžava da živi na premisama inherentnim nuli i ničemu.

Ni »beznačajnost,« sama po sebi ne znači baš ono što znači. To je u jednoj reči izražen godelijanski paradoks, jedna od tih kapricioznih epistemoloških anomalija koje ne samo što otkrivaju klimave nosače formalne logike, već ukazuju i na potrebu za »verom« (verovanjem u ono što ne možemo da razumemo).[128] Modifikovati nešto »beznačajnošću« ne znači lišiti ga potpuno značenja nego ga samo promeniti. »Postojanje« koje postaje »beznačajno postojanje« jednostavno je različito postojanje od onoga koje je postojalo bez ovog modifikatora ra-

zastrtog preko njega. *Vebsterov rečnik* definiše »beznačajnost« kao nešto »bez značenja, značaja ili vrednosti, besciljno, nevažno«. Pa, ipak, svaki od ovih koncepata »bez ... značenja,« »bez... cilja,« »nevažan« kada se primeni na bilo šta, iznova ga oblikuje a ne uništava. Reći da je naš život suprotstavljen večnosti – koja ga guta u nulu, u nepostojanje – beznačajan, samo iznova definiše naš život. Taj izraz ga lišava značenja, definicija, ili vrednosti; samo našem životu daje značenje, definiciju i vrednosti koje ga ne čine naročito vrednim angsta[129] utrošenog za njegov razvoj. Kamijeva čuvena rečenica o samoubistvu kao o jedinom važnom filozofskom pitanju, izgleda da ima žestok smisao. Ako su im date samo premise na kojima veći deo modernističkog (i postmodernističkog) sveta podmazuje svoje osovine, možda su jedino samoubice razumne.

Poslednja linija, najokrutnija činjenica jeste da smo privremena prostorna tela u večnom buretu i da se koprcamo pred svojom sudbinom kao ribe izbačene na plažu. Mi smo konačni i, bez obzira koliko se revnosno uvijamo, štipamo, savijamo kolena i cvilimo, i dalje ostajemo konačni, a konačnost podeljena sa beskonačnošću ostavlja ništa kao rezultat, ništa sa desne (mnogo manje sa leve) strane decimalnih mesta i bez ikakvog ostatka sa kojim bi se moglo dalje računati (nula je najzaokruženiji broj). Poetske slike o nama, bilo kao o »iskrama«, »umirućem lišću«, »suštinskoj prašini,« »pari«, pripisuju nam previše, u najmanju ruku nasuprot onome što nam nihilistički broj večnosti čini, a to je, da nas jednom brzom računskom operacijom deli u ništa.

Privremenost, smrtnost, konačnost, kad se stave u kontrast zamisli o večnosti, besmrtnosti, beskonačnosti, postaju kubni koreni naše dileme (koliko slaba naša priroda mora biti: iako smo fizička bića, ideje nas pretvaraju u nulu). Možda je to razlog zbog koga je Martin Hajdeger[130] rekao da jedino Bog može da nas spase. Možda je to razlog zbog koga je Sartr pisao da je ljudska esencija »želja da se bude Bog«,[131] jer bez Boga, ili bez toga da mi postanemo Bog, naša je sudbina bespomoćnost i slična je onome što je hor u Evripidovoj drami *Alcestis* oplakivao naglašavajući: »Sudbina je iznad svih nas/ Ništa ne pomaže protiv nje.«[132]

Bez natprirodnog prirodno je naš večni i nepokorivi neprijatelj. Bez nečega što premošćuje ograničenja nauke, prirode, logike, razuma, empirizma i matematike, bez *deus ex machina* (jednog kome nije potreban kran) neumirući grob je za nas ono što je š za azbuku. Mi smo u gubitničkoj igri za život; neki je gube ranije od drugih, iako – posmatrajući mrvice koje su preostale – možda su mrtvi izvukli glavni zgoditak. Mi preostali, još nosimo nepotrebne lozove (da li se uopšte sme reći »srećke«), te neizvučene brojeve koji leže tako bajati i teški u našim džepovima.

Nije čudo, tada, što su Isus i svi biblijski pisci tako nedvosmisleni i jasni kad govore o večnom životu. Na svaki drugi način... šta nam preostaje?

»Koji jede moje telo i pije moju krv ima *život večni*.« (Jovan 6,54) »I ja ću im dati *život večni*.« (Jovan 10,28) »Koji neće primiti više u ovo vreme, i na onome svetu *život večni*.« (Luka 18,30) »Jer Bogu tako omile svet, da je sina svoga jedinorodnoga dao da nijedan koji ga veruje ne pogine, nego da ima *život večni*.« (Jovan 3, 16) »Ovo pisah vama koji verujete u ime sina Božjega, da znate da imate *život večni*.« (1. Jovanova 5,13) »Ali toga radi ja bih pomilovan da na meni prvome pokaže sve trpljenje Isus Hristos za ugled onima koji mu hoće verovati za *život večni*.« (1. Timotiju 1,16) »A koji pije od vode koju ću mu ja dati neće ožedneti doveka; nego voda što ću mu ja dati biće u njemu izvor vode koja teče u *život večni*.« (Jovan 4,14) »A sad oprostivši se od greha, i postavši sluge Božje, imate plod svoj na posvećenje, a kraj *život večni*.« (Rimljanima 6,22) »A ovo je volja onoga koji me posla da svaki koji vidi sina i veruje ga ima *život večni*.« (Jovan 6,40) »I sami sebe držite u ljubavi Božjoj, čekajući milost Gospoda našega Isusa Hrista za *život večni*.« (Juda 21) »Zaista, zaista vam kažem: koji veruje mene ima *život večni*.« (Jovan 6,47) »I ovo je obećanje koje nam on obeća, *život večni*.« (1. Jovanova 2,25) »Da se opravdamo blagodaću njegovom, i da budemo naslednici *života večnoga* po nadu.« (Titu 3,7)

Svi ovi tekstovi završavaju, doslovnim »večnim životom«, ili izrazom »večni život«; i svako od nas isto tako može završiti (i bez znakova navoda). Ali samo Bog može da nam podari taj život, zato što prelazak sa privremenosti na večno zahteva jedan beskrajni izraz sile, *i ko osim Boga može da je podari?*

Večni život ima smisla samo u svetlosti krsta; i u svetlosti krsta ništa drugo osim večnog života nema smisla. Da se Stvoritelj svemira,

Onaj koji je »načinio sve to« (Jevrejima 1,2), Onaj u kome »živimo, mičemo se i jesmo« (Dela 17,28) da se On, Bog, utelovi u ljudsko telo i u tom telu umre… sa kojim ciljem? Da i mi konačno istrunemo kao i tela pogaženih životinja pored autoputa? Ako je tako, tada je Hristos trebalo da posluša povik rulje: »Drugima pomože, a sebi ne može pomoći. Ako je car Izrailjev, neka siđe sad s krsta pa ćemo ga verovati.« (Matej 27,42) Verovati Mu u čemu? Ako smo ostavljeni u privremenom, tada je krst bio besplodan, i nama je potrebno mnogo više besplodnosti dok proizvodimo još više gasova koji poguduju efektu »staklene bašte«. To je sve ili ništa, zato što ako nam nije dato sve nije nam dato ništa.

Zemlja je gladna. Postoji jedno osnovno uravnoteženje, grozota ekološke ravnoteže. Šta god da izvadimo iz zemlje, zemlja privuče nazad sebi iz nas (sila gravitacije je najuporniji hranilac Zemlje). Oljuštite nebo, iščupajte Sunce, Mesec i zvezde, vakumirajte hladne ostatke prostora i vremena – i šta vam onda ostaje? Bogatstvo, položaj, ljubav, uspeh, niko nije imun na pomamno proždiranje crva. Snovi (a i čuda isto tako) ne izbegavaju njihove migoljaste vilice. Čak iako su nam životi bili u obilju, srećni, ispunjeni neprestanim usponima od jedne pobede do druge, od jedne radosti do druge, smrt ostavlja sve na svom lepo podšišanom otpadu (i čuvar groblja tako postaje smetlar). *Teleos* je jednako *tanatos*. Većina života ne bi mogla da bude raščlanjena na uspehe, sreću i ispunjenost, već na tragedije, patnje i strahove koji se završavaju samo kad um prestaje da prima kiseonik. »Zato nikog«, pisao je Sofokle, »dan dok onaj poslednji ne dočeka, neću proslavljati kao srećna, pre no doplovi kraju veka svog, a nikakav ne pogodi ga jad.«[133] Kakvo potresno postojanje, kad je jedini siguran lek za bol, strah i tugu, cerebralno gušenje!

Zato Novi zavet dolazi do nas ukrašen obećanjima večnog života, jer jedino večnost garantuje restituciju. Milion godina, čak čitava milijarda godina, ne poseduje možda dovoljno dobrih trenutaka da nam uzvrati za one rđave. Samo večnost može da uravnoteži sve životne pojedinosti, a zatim i sve pojedinačne događaje, zato što je večnost više nego ograničenost i uvek je beskrajno tako.

U pesmi pod naslovom *Tužni napori vedrog valcera,*[134] Vols Stivens je zavirio u duše »prazne od senki«, u besmisao ljudskih života

koji se trude oko nečeg toliko varljivog da to izbegava svako njihovo
objašnjenje rečima:

> Red ne poznaju ni more ni Sunce
> Oblicima prošao je sjaj.
> Evo tih iznenadnih rulja ljudi,
>
> Tih iznenadnih oblaka ruku i lica
> Dugo tlačenih, sada slobodnih
> I glasovi su to, što traže, a ne znaju šta
>
> Osim da srećni budu, a ne znaju kako,
> Postavljajući oblike, a opisati ih ne mogu,
> Zahtevajući red veći nego što mogu da ga objasne.[135]

Zajednička tuga prožima vrste; univerzalni uzdah otima se sa nji-
hovih usana, kao istisnut iz njih silom gravitacije (ili je to nešto u vo-
di), čak iako je zvuk prigušen ravnomernim gakanjem ili golicanjem
čekinja. Samo smrt ga ućutkava. Kakav paradoks! Jedina pojedinost
koja donosi kraj bolu tako mnogo ga prouzrokuje.

Ako, kao što je Stivens pisao glasovi traže »a ne znaju šta«, traže
iako ne mogu čak ni da opišu svoju prazninu (Koje je boje vakuum?
Koji je viskozitet ničega? Koliko mnogo prevoja se niže po dnu prazni-
ne?), i kako, onda, besplodni moraju biti svi pokušaji za ispunjenjem?
Šta god da ublažava to stanje mi ga okrutno zakucavamo u mračne
uglove koji drže u kavezu i zarobljavaju u uglu naš život i »evo tih iz-
nenadnih rulja ljudi«, koji znaju (bez reči) da je sreća kao naduvenost i
da iščezava brže od snova iskapanih pored toplih jastuka u tami. I čak
ako ništa i ne oduzme sreću životu, u smrti je sav vazduh isisan, dok ne
ostane preostalog daha da se u njemu uživa, tvrd kraj za bića koja me-
re vreme povećanjima plate i nesposobna da dodirnu večnost koja ih
muči i provocira svakim dodirom svojih čvrstih rubova.

Najčudesnija hipoteza koja je ikada prošla nekim sinaptičkim ve-
zama nije ona da postoji Bog, nego da postoji Bog *pun ljubavi*, Bog ko-
ji voli čovečanstvo, koji voli svaku ličnost *pojedinačno*. Postojanje
božanstva, samo po sebi, teško da je tautološko, i predstavlja zaključak
koji ne zahteva uvijena poklapanja, čvornovate aksiome i rastegnute

predikate da bi se do njega došlo. Logika, bez velikog napora, vodi do razumnog (iako ne i kao stena neporecivog) verovanja u Nepokrenutog Pokretača, ili Inteligentnog Dizajnera, Demijurga, bogove, ili Boga. Simboli, aksiomi, slaganja na ovom području – u najmanju ruku – dovoljno dobro deluju čineći da verovanje u Boga bude makar toliko razumski ispravno koliko i verovanje u druge umove.

Međutim, nikakvom matematikom, nikakvom logikom, nikakvim skupom aksioma i validnih poklapanja ne stiže se do Boga *punog ljubavi*. Nauka, logika i zdravorazumsko zaključivanje ne vode prema krstu; oni to i ne mogu (Mogli biste sa istim uspehom uzeti džepni kalkulator za raščlanjivanje verovatnoće da li je Tarkvinije Sekst napao Lukreciju). Koji aksiomi, koje premise, koja logička pravila, bez obzira kako vešto nategnuta kulminiraju u Golgoti, u činjenici da je Stvoritelj u ljudskom telu poneo bol, krivicu, kaznu svih zala koja su potresala ljudsku rasu od kada im je izmamljena prva suza?

Međutim, ako je to istinito, tada je krst najvažnija od svih istina. *Bog je sam, Stvoritelj svemira, uzevši ljudskost na sebe i u toj ljudskosti, umro smrću težom od one koju bi iko od ljudi mogao ikada iskusiti, a sve da bi ljudima dao njihovu jedinu priliku da žive večno, da izbegnu stisak klešta neizbežne smrti.* Nešto nečuveno! Za bića čija igla kompasa uvek pokazuje prema grobu (bez obzira kojim će se smerom zaputili), šta je drugo važno?

I ako je krst najvažnija od svih istina, tada ta, najvažnija od svih istina, mora *da nam bude saopštena* i objašnjena, opisana, interpretirana, analizirana i pojednostavljena; na neki drugačiji način da bismo je uopšte mogli spoznati? Sa tako važnim pitanjima koja su ovim obuhvaćena – večni život ili večna propast za svako ljudsko biće – predstavite sebi kako bi izgledalo da smo ostavljeni da to sami otkrijemo? Kad naše naučne i intelektualne »sveznalice« ne mogu čak da se slože oko toga šta je život u suštini (iako se on koprca i migolji pred njihovim mikroskopima); ko, tada, očekuje od njih da nam objasne *večni* život?

Krst ne treba da nam bude samosaopšten, on treba da bude moguć za prihvatanje verom. (Zašto se zamarati otkrivajući nešto što vera ne može da prihvati?) Vera u Hrista, iako prevazilazi razum, jeste, bez obzira na sve, *prihvatljiva zdravorazumskom zaključivanju* (setite se samo eksperimenta dve pukotine). Ona nije apsolutna (kada bi bila, zašto bi se onda i zvala »verom«), jer – kad joj je objašnjena priroda stvari – ona to ne može biti, naročito ne kad čak i sigurnost dolazi podmazana sumnjom.

Zato što je samo delić ljudi, u većem delu samo mala grupa, od milijardi koje su ikada živele, ili koje će ikad živeti, bio kod krsta da vide Sunce koje je bilo pomračeno (Luka 23,44–45), zemljotres (Matej 27,51), mrtve koji vaskrsavaju (Matej 27,52), vodu i krv koji su izašli iz Isusovih rebara (Jovan 19,34) – kako može bilo ko poverovati na drugi način u te događaje osim verom? Kao i sa bilo kojim događajem nedostupnim našim neposrednim čulima (koji su i sama opterećena epistemološkom sumnjičavošću), vera je isto toliko obavezna za verovanje kao što je O za H_2O. Bilo da su Hanibalovi slonovi prešli Alpe, ili se ubistvo Abrahama Linkolna dogodilo u pozorištu Ford, ili Isusa Hrista na krstu – mi nismo čuli kako se Kartaginjani mole, nismo omirisali barut iz oružja ubice, nismo videli rimski čekić kako ukucava klinove u Hristove ruke, tako da je poverenje u istinitost svih tih događaja, po neophodnosti, kao kod neke legure pomešano sa verom, verovanjem u ono što ne možemo dokazati ili potpuno razumeti, i što obuhvata skoro sve što znamo ili razumemo. Šta možemo znati *zasigurno*, kada sam proces kojim saznajemo, a to su, razmišljanje i svest, dolaze sa veoma dubokim nepoznanicama koje su im svojstvene? To je razlog zašto se za poverenje u Hrista zahteva vera, ne samo u Jevrejina razapetog od Rimljana, već u večnog Božjeg Sina, čija je smrt na krstu platila za svako zemaljsko zlo, dozvoljavajući tim zalima oproštaj od Onoga koji je bio njima najviše povređen. Čak kada bi reči *ISUS HRISTOS, SIN BOŽJI, UMRO JE ZA GREHE SVETA,* bile ispisivane svaki dan po nebeskom svodu u svakoj zemlji, na svakom jeziku, sredstvima koja su iznad racionalnih naučnih objašnjenja, poverenje u istinu *ISUS HRISTOS, SIN BOŽJI, UMRO JE ZA GREHE SVETA,* još uvek bi zahtevalo veru.

Ta čudesna slova ne bi učinila istinu o Njegovoj smrti ništa apsolutnijom nego što bi to učinio glas sa Neba koji bi u svakoj zemlji na svakom jeziku govorio: *ISUS HRISTOS, SIN BOŽJI, UMRO JE ZA GREHE SVETA,* zato što poverenje u tu istinu zahteva verovanje o prošlom događaju koji ne možemo da vidimo, događaju koji je ispunjen obećanjima za budućnost, koje isto tako ne možemo da vidimo (u najmanju ruku ne sada). Sve što imamo jeste sadašnjost, koja se stalno ljušti u prošlost, dok se budućnost jedino nadnosi i uvek ostaje izvan našeg domašaja, nudeći samo – kad postaje stvarnost – jednu jedinu sigurnost, a to je smrt.

Tako, bez nade u večni život, nade koju nosimo verom (kako bismo drugačije?) šta su naši životi, šta oni mogu biti nego tužni i namrgođeni paketi metabolizma belančevina koji stvaraju druge pakete belančevina, sa istom tugom i bolom? Da li deca odrastaju srećnija nego odrasli koji su ih »izlegli« i zatim umrli? Zašto praviti još jadnije slike nas samih? Najprirodnija stvar je u isto vreme i najsebičnija: stvoriti – za naše sopstveno zadovoljstvo (zbog čega drugog?) – ljude koji će se isto tako suočiti sa tragedijom i, neizbežno, smrću (možda užasnom), izgleda kao popuštanje samom sebi u najboljem slučaju, a zločinački u najgorem.

Nikome nije neophodno da bude Džeremi Bentam[136] da bi mogao da računa: *Najveće moguće dobro za najveći broj ljudi?* Kada bi samo bilo tako i izračunavanja stvarno činila naročitom reprodukciju vrsta! (Dvadesetoro dobro uhranjene zapadne dece za jedno koje gladuje u Africi? Stotinu zdrave predškolske dece da se uhvati ravnoteža prema onom jednom sa Daunovim sindromom?) Koji procenti, koje razmere mogu bilo kada učiniti čovečanstvo, a i sav njegov bol, uravnoteženima sa plaćenom cenom?

> Dopusti mi,
> da ovde umrem – jerbo rađati
> stvorenja, što će mnogo godina
> tek patiti, pa umreti – to znači,
> ja mislim, samo širit' smrt
> i množit' umorstvo. [137]

Ipak, ono što najviše zadivljuje u stvaranju jeste da Bog tog stvaranja zna našu tugu i bol ne zato što sedi na prestolu kao neki feudalni gospodar nadgledajući svoje podanike, već zato što je On sam doživeo naš bol i tugu; ne zato što je sveznajući Bog, već zato što je postao čovek i izdržao više bola i tuge nego što će bilo ko od ljudi ikada moći da izdrži. A iz svega toga, Njegovog sopstvenog bola, Njegove sopstvene tuge, upravo se podiže to obećanje večnosti koja će otkupiti naše bolove i tuge.

Ako bismo bili u stanju da pogledamo u ogledalo, tako uglačano i savršeno da predstavi i sve naše strahove, da u svom okviru odrazi ne samo ono što smo sada, već i ono što će budućnost učiniti od nas, ko se ne bi drznuo da razbije to prokleto staklo (iako bi se ono pokazalo nesalomivim kao sudbina)? Ne postoji takvo ogledalo i zato umesto da bude izražen odjednom, kao u ogledalu, naš život je doziran deljenjem na deliće bolnog kapanja koje, kad je sve rečeno i učinjeno, jedva da ostavlja neke mrlje.

»Ne ljubite sveta ni što je na svetu. Ako ko ljubi svet, nema ljubavi očine u njemu. Jer sve što je na svetu, telesna želja, i želja očiju, i ponos života, nije od oca, nego je od ovoga sveta. I svet prolazi i želja njegova; a koji tvori volju Božju ostaje doveka.« (1. Jovanova 2,15–17)

Kako očajni ovo telo i njegova požuda moraju biti, što vole tako škodljiv i surov svet, koji ne prašta oboma[138]; i *vole* stvari ovoga sveta, stvari koje miluju naše telo i golicaju našu požudu pre nego ih oboje zgrušaju i ubiju. Možda te stvari volimo zato što je to sve što vidimo, osećamo, čujemo, možemo da okusimo i poverujemo, u najmanju ruku bez obećanja nečega iza njih, nečega boljeg od njih, čak sa nagoveštajima o onome što ih prevazilazi, a što se nalazi u njima.

Mi želimo stalnost, stabilnost, želimo red, ali prianjamo uz svet koji nam nudi samo zvuk vremena koje prolazi kroz materiju (ili je to materija koja prolazi kroz vreme). Šta bilo da je od toga stvarnost što ostaje kada zvuk utihne? Život življen zbog života samog po sebi? Molim vas! Pa to je nalik čupanju krila muvama. Šta je drugo bez stalnosti naš život nego patetični izraz tela koji, čak iako je »ispravno« vođen (setite se merila od 10^{60}) ne može da znači ništa u sebi i po sebi? Šta može značiti znojenje, izlučivanje hemikalija razlaganih znojenjem ili izlučivanje ostalih drugih hemikalija koje se neizbežno razlažu? Ako smo samo brojevi, slova, neki znaci u formulama, tada skratite broj, pomerite slovo, uklonite znak i mi prestajemo da postojimo.

Lav Tolstoj, u liku Ivana Iljiča, koji umire, muči se nad tim pitanjima:

»I on je prestao da plače, pa se okrenuo zidu i počeo da razmišlja o jednom istom: 'Zašto, zbog čega sav ovaj užas?' Ali ma koliko da je razmišljao, nije našao odgovora… 'Protiv ovoga se ništa ne može', pomisli on. 'Ali kad bih samo razumeo zašto? Ni to se ne može. Sve bi mi možda bilo jasno, kad bih priznao da nisam živeo onako kako je trebalo. Ali to se više ne može priznati', reče on u sebi, sećajući se zakonitosti, pravilnosti i pristojnosti svoga života. 'To je nemoguće dopustiti', pomislio je on i osmehnuo se, kao da bi neko mogao da vidi taj osmeh i da bude njime prevaren. 'Nema za to objašnjenja! Patnja, smrt... Zašto?'«[139] Zašto? Ako Bog ne postoji i vreme neminovno otiče u večnost bez nas, tako da sve što je bilo, jeste, i što će biti, nas same svodi jednim deliteljem (sve što smo bili, jesmo ili ćemo biti) u ništa. Ako Bog, ipak, postoji, u Isusu Hristu dao nam je siguran razlog za nadanje u nešto iza smrti što će biti rasplet za sve što joj je prethodilo. Smrt ne odgovara na pitanja, ne rešava tajne postojanja, već samo natapa pitanja sa dovoljno žuči i potapa ih u dubine bezdana. »Jednom kad je čovek došao do spoznaje«, pisao je Tolstoj, »da je smrt kraj svega, za njega ne postoji ništa gore od života.«[140] Međutim, Bog se, kroz Hrista, potrudio da odgovori već i na ono sledeće iza toga, što se jezik tek trudi da uobliči u pitanje.

»*Ja verujem*«, pisao je Anselmo, »*da bih mogao da razumem*«. Samo verovanje čini veru razumljivom, i ako verom (kako bismo drugačije) dozvolimo Bogu da uđe u prostore naše slomljenosti, ako se zbog svoje celokupne bespomoćnosti, straha, nesigurnosti, potčinimo Gospodu, On će nam dati dovoljno razumevanja. Vera nije, kao što je Kjerkegor predložio, skok *u* apsurdno; ona je skok *preko* apsurdnog. Apsurdno je živeti bez nade kad nam je nada bila tako izobilno i svesrdno ponuđena. Isus je rešavajući problem smrti, rešio problem života. Dajući nam nešto posle smrti, Hristos daje i nešto pre nje – a to je nada – i koja to veća nada za one zarobljene u privremenom može biti od nade u večno? Vera nije toliko skok, već korak, čvrst, ponizan, intenzivan korak izvan domašaja neminovne propasti. Zašto bi Hristos propatio tako užasnom smrću da bismo mi mogli imati život, čineći veru u tu smrt, koja je istovremeno i sredstvo za ostvarenje tog života, tako teškom da se zadobije ili pokaže?

On je sigurno ne bi učinio nedostižnom. To znači da propust i pad nisu na Božjem kraju, nego na našem. Požuda, strasti, ponos, to su očaravajuća sazvučja koja podstiču neverovanje u nama. Mi želimo da budemo ostavljeni telu čak i kad ono odrvenjuje u bradavičastu tikvu ili omekšava u dugo neopranu krpu; želimo da se kupamo u svojim čulima, iako se ta bara suši i postaje stvrdnuta i krta kao mrtva kost. Mi znamo te stvari, vidimo ih, doživljavamo ih iskustvom, pa ipak smo tako očarani telom da ne možemo da ga otpustimo od sebe, čak iako osećamo kako umire upravo pod nama.

Oljuštite sve svoje intelektualne fasade, pogledajte iza prepreka od umrljanog stakla, zagledajte se u tajne uglove duše, i shvatićete da razlozi za neverovanje (ne za neizbežna i teška pitanja) koje ćete ugledati kako unutra čuče nisu društveni, intelektualni i kulturni, već telesni. Telo koristi um da mrcvari srce, koje vapi za nečim iznad neprestanog zadaha moralnosti. Ljudi se plaše vere ne samo zato što se plaše da dožive laž (većina zna da već živi laž), već zato što se njihovo telo plaši vere. Šta je teže? Odricanje od tela ili njegovo odumiranje? Srce nam govori: *»Traži večno više od privremenog«*, ali srce često žvaću telesne životinje iz naše unutrašnjosti.

Iza tih telesnih jadikovki odjekuje tihi neprestani glas. Ako ga negujemo (kao suprotnost tome da ga gušimo); ako ga prigrlimo, nasuprot što ga ispiramo hormonima (čak iako sakrivamo taj svoj prljavi veš iza velikog poštovanja prema nauci); ako tražimo da razumemo šta nam on progovara, umesto da mu prepručujemo pristup požudnim dublerom »razuma«, taj glas otvoriće nam stvarnost postojanja Boga Stvoritelja, koji voli što je stvorio. Ako poslušamo taj podsticaj, tu kukicu božanski postavljenu neposredno iza tela svakog ljudskog bića, tada će nas Gospod podići iz horizontalnog u vertikalno, u ljubav koja premošćuje sve razloge poricanja i neverovanja, kako god istrajni ti razlozi mogu da ostanu.

Mi imamo izbor, jedinu mogućnost koja može dovoljno da promeni broj iznad delitelja, tako da rezultat bude jednak večnosti za kojom bolno težimo. Međutim, samo svaki pojedinac može za sebe da načini taj izbor, zato što slobodna volja, čak više nego smrt, ostaje najsnažnija i najdoslednija sila u svemiru i nalazi se odmah iza ljubavi, koja je dozvolila taj izbor i sada ga neprestano podstiče.

9

Ili, ili

Posečen zalima koja su pravdi ostavila samo patrljak (amputiranim od istine), Jov je upravo oplakivao svoja stradanja, kada se Bog »iz vihora« pojavio i upitao: »Možeš li svezati miline Vlašićima? ili svezu Štapima razrešiti? Možeš li izvesti južne zvezde na vreme? Ili Kola sa zvezdama njihovim hoćeš li voditi? Znaš li red nebeski? Možeš li ti uređivati vladu njegovu na Zemlji? Možeš li dignuti glas svoj do oblaka da bi te mnoštvo vode pokrilo? Možeš li pustiti munje da idu, i da ti reku: evo nas?« (O Jovu 38, 31–35)

Naravno da nije mogao. Ne znajući ni šta su te veze i niti, Jov nije mogao da ih razveže niti sveže ništa više nego što mi kasnije možemo razvezati ili svezati snopove kompjuterizovanog papirusa. Iako mnogo više znamo o tim vezama nego Jov, čak o običnim, lokalnim »propisima uređenja neba«, o oblacima, munjama, kiši, sve što naše teorije baca u stanje zbunjenosti i izmešano neznanje koje mnogo dublje prodire od pogrešnih vremenskih prognoza o znacima i čudima na nebu.

A sada atomi, *Urstoff*,[141] osnov sve materije, kako smo smatrali, temelj svega što je ikada postojalo, možda je samo grub pogled na ono što jeste, kao žmirkanje na zvezde dok se zavaravamo da smo time probili rub svemira. Protoni, neutroni, kvarkovi, verovatno nas nisu približili konačnoj realnosti (onoj u kojoj sve može biti razrešeno i koja, po sebi i u sebi, ne može biti prevedena ni u šta drugo) nego što su zemlja, vazduh, voda i vatra doveli pre dvadeset pet vekova stare Gr-ke. Umesto toga, suprotnosti između Opšte teorije relativiteta i Kvant-ne teorije (dva stuba savremene fizike) navele su na predlog da osnov-ni sastojci svemira nisu tačkaste čestice kao protoni i neutroni nakon svega (kao što su nas učili tokom čitavog prošlog veka) već jednodi-menzionalni stringovi[142] čije vibracije sačinjavaju sve od kvarkova do nebule. Materija i energija su, pretpostavlja ova teorija, oscilacije tih mikroskopskih delića koji ih sačinjavaju, a različite »note«, koje stva-raju različite manifestacije materije, nalik su različitim vibracijama na žici gitare koje stvaraju različite tonove. Materija se pojavljuje u tačka-stim česticama ne zato što je to ono što ona u suštini jeste, nego zato što su naši instrumenti suviše grubi, suviše tupi i nepodesni da bi otkri-li stringove same po sebi (string je tako sićušan prema veličini atom-skog jezgra kao što je atomsko jezgro prema veličini Zemlje). Bio bi nam potreban uređaj za cepanje atomskog jezgra milion milijardi puta jači od onog koga sada imamo da bismo mogli da izložimo i prikažemo stringove ako oni postoje.

Možda i ne postoje. Ništa nije apsolutno oko nauke ili teorija koje ona predlaže. Šta garantuje da formule neće postati mitovi, ili da bilo koji vladajući zakon neće biti uzurpiran od drugog, koji će dospeti u zaborav bilo zajedno sa svojim prethodnicima, ili, konačno, sa svojim naslednicima? Ako bi naučnici pronašli neuhvatljivu Veliku ujedinju-juću teoriju koja odgovara na sva pitanja, razrešava sve suprotnosti i čini to jednostavno, simetrično i lepo, ništa ne obećava da neka još si-metričnija, jednostavnija i lepša nije smeštena upravo iza nje. Svemu je potrebno objašnjenje pomoću nečega univerzalnijeg i osnovnijeg nego što je to samo po sebi, a tada opet, pomoću nečega univerzalni-jeg i fundamentalnijeg od toga, i tako sve dalje i dalje bilo prema bes-krajnom hodu unazad, ili dok ne dospemo do onoga što je neobjašnji-vo zato što je to bilo pre svakog objašnjenja i nije imalo poreklo ili prethodnika, niti je bilo zasnovano ni na kakvom uzroku zato što je sa-mo bilo prethodnik svih uzroka.

Međutim, u postmodernističkom miljeu traganje za finalnom teori-jom, odgovorom datim jednom za svagda, koji objašnjava i sjedinjuje sve fizičke zakone izgleda tako neobično, tako naivno, nalik detetu ko-je, pošto su mu upravo saopštili da deca dolaze na listovima kupusa, viri ispod zelenog lišća tragajući za malim bratom. Postmodernizam odbacuje postojanje bilo koje velike ujedinjujuće teorije, bilo kojeg meta – narativa (religioznog ili naučnog) koji premošćuje, i po njemu ono od čega smo sačinjeni predstavlja ništa drugo osim lokalnih, zavisnih i fluktuirajućih iskustava zasnovanih na ličnim i društvenim interpretacijama. Ne postoji istaložena i čvrsta objektivna stvarnost, nijedan empirijski činilac ili bilo kakva apriorna sigurnost, već samo složeno slivanje i pridruživanje interpretacija zasnovanih na kulturno-lingvističkim znacima, rečima i simbolima, ništa više apsolutnim nego što su ti simboli sami po sebi. Šta, na primer, drugo nego ćef nekoga koji je živeo u uskim kulturnim, političkim i estetskim uslovima pre nekoliko stotina godina čini crvene, bele i plave zvezde i pruge simbolom Sjedinjenih Država? (Zar ne bi planinski lav, jastreb, ili pun Mesec u žutoj, plavoj i crnoj boji bili sasvim dobri simboli?) Zato što nam je celokupno znanje posredovano jezičkim simbolima (rečima), i zbog toga što su reči (simboli) definisane samo drugim rečima (drugim simbolima), a ti simboli opet drugim simbolima (drugim rečima), mi kružimo u beskrajnom lingvističkom regresu, jednoj vrsti meta-tautologije koja ništa ne otkriva. Ako reči možemo da definišemo samo drugim rečima, tada zaista ne znamo šta su u stvari reči, a u tom slučaju kako one mogu na odgovarajući način da opišu stvarnost kad pojmovi sami ostaju neopisivi bilo čim drugim osim sami sobom? Ako su jezik i njegova značenja kulturni, društveni i politički neobični izumi, i ništa više od toga (kao što izgleda da su), koliko mnogo stabilnosti, objektivnosti i istine možemo pronaći u njima? »Reči o stvarima«, pisao je Vols Stivens, »samo zapetljavaju i zbunjuju.«[143]

Za postmodernistu, ono je tada, ne samo »meta« izlišno od metafizike, izlišna je i cela »fizika«. Nema nikakvih činjenica, ostaju samo interpretacije, a interpretacije nisu konačne, naročito ne kad su izvučene iz nečega tako fluidnog i bez dna kao što je jezik. »Tokom dvadeset pet vekova«, pisao je Hjuston Smit, »filozofi su polemisali o tome koji je filozofski sistem istinit. To što su se složili da nijedan od njih nije istinit predstavlja novi polazak.«[144]

Ipak, postmodernistička premisa sama po sebi sada je protivrečna isto kao što je bila i dve i po hiljade godina ranije. Arhelaj je izjavio: »Ništa nije sigurno, pa čak ni tvrdnja o tome.« Sveobuhvatno poricanje apsolutnog podrazumeva sveobuhvatni apsolut: ono potvrđuje ono što poriče zato što poricanje pobija samo sebe. Tvrditi da nijedna filozofija nije istinita znači izreći filozofsku tvrdnju usmerenu istini; tvrditi da ništa nije sigurno (čak ni to) znači utvrditi jednu sigurnost (pa i o tome). Uzvik postmodernističkog gurua Žana Fransoa Liotara: »Povedimo rat protiv totalnosti«,[145] znači postavljanje totalnosti, postavljanje meta-narativa na svet.

Odbaciti pogled na svet, jedan apsolut, po osnovnoj postavci znači utvrditi pogled na svet, jedan apsolut. Tvrdnja da je nešto laž, zahteva postojanje istine (u najmanju ruku verovanje u postojanje istine). Laž znači pogrešnu, *lažnu* tvrdnju, ali kako nešto može biti *lažno* bez istine da joj stane nasuprot. Tvrdnja: »Sunce je načinjeno od kartona«, je greška, ali samo zato što je Sunce načinjeno od nečeg drugog a ne od kartona (to je istina koja čini da je izjava »Sunce je načinjeno od kartona« zaista laž). Tvrdnja da je »Kolumbo počeo da plovi preko Atlantika 1963.« je laž samo zato što je Kolumbo počeo da plovi preko Atlantika 1492. (istina koja čini da rečenica: »Kolumbo je počeo da plovi preko Atlantika 1963.« postane lažna). Nijedan navod ne može biti lažan ako ne postoje ispravne činjenice, to jest istina koja ih pobija. Tvrdnja da »postoji meta-narativ koji objašnjava svet« je laž samo ako *zaista*, *ne postoji* nijedan meta-narativ koji objašnjava svet. Drugim rečima rečenica: »Postoji meta-narativ koji objašnjava svet« može biti lažna, pogrešna, samo ako postoji specifična istina, u ovom slučaju istina da *ne* postoji takav meta-narativ.

Da bi tvrdnja da ne postoji meta-narativ koji objašnjava svet bila istinita, kao što postmodernisti tvrde, tada zaista ne bi trebalo da postoji nijedan sveobuhvatni meta-narativ koji objašnjava svet, zato što tvrdnja da ne postoji sveobuhvatni meta-narativ, u stvari, već i sama po sebi, predstavlja tvrdnju koja objašnjava svet. Odricanje od meta-narativa predstavlja široku tvrdnju, izraz potpune totalnosti koju postmodernizam poriče.

Reći da je sve zavisno, tekuće i subjektivno znači izraziti nezavisnu, stabilnu i objektivnu tvrdnju o svemu; to znači izraziti veliku, sveobuhvatnu istinu (ne možete dati neku veću ili sveobuhvatniju izjavu od izražavanja tvrdnje o svemu). Tvrdnja da se istina menja, da nije apsolutna postavlja jednu apsolutnu istinu. Ničeove reči da »*pogre-*

šnost sveta u kome živimo predstavlja najsigurniju i najčvršću činjenicu prema kojoj možemo da usmerimo svoj pogled«,[146] potvrđuje sigurnu i čvrstu činjenicu o svetu, činjenicu kojoj usmeravamo svoj pogled, tvrdnju za koju on ne veruje da je pogrešna (tako da sve što je u svetu nije, ipak, sasvim pogrešno).[147] Reći da je realnost subjektivna, perspektivna, iluzorna, znači izreći tvrdnju o realnosti koja po pretpostavci nije ni subjektivna ni perspektivna ni iluzorna. Proglasiti tu tvrdnju (onu u poslednjoj rečenici) subjektivnom znači, iznova, načiniti drugu objektivnu tvrdnju.

Laži se ne zadržavaju u nekoj mističnoj, metafizičkoj magli, semantičkom čistilištu, negde nezavisno obešene daleko od sveta. Laži postoje samo u odnosu prema čvrstim činjenicama, prema istini i prema stvarnosti. Ironično je, ali bez istine, bez realnosti, ne može biti ni laži, kao što bez zdravlja ne može biti bolesti. Zato što postoji laž, mora da postoji i istina.

Iako sakrivena iza postmodernističkih ili dekonstrukcionističkih obrta, nazivana »igrom označivača,« »hermeneutikom sumnje,« ili »jezičkim igrama,« neminovnost istine, ili realnosti, ostaje neizbežna. Za svaki od ovih izraza pretpostavlja se da predstavljaju pogled na svet, to jest istinu; oni koji su skovali ove izraze, smatrali su da oni predstavljaju stvarnost, način na koji stvari deluju. Da li bi, na primer, Ludvig Vitgenštajn[148] skovao svoje »igre rečima«, koje su prema shvatanju njegovog uma izražavale inherentnu subjektivnost i jezičku ograničenost (stoga i znanja), da nije smatrao da je taj izraz prava i istinita predstava realnosti i da nije mislio da je to istina? Poreći realnost istine je isto toliko besplodno i samopobijajuće, koliko poreći svoje lično postojanje: odricanje se pobija zato što prvo moraš da postojiš da bi porekao. Odricanje od istine čini tvrdnju za istinu, zato što je odricanje kao pretpostavka jedan izraz istine. Sve dok bilo šta, ili čak ništa, postoji, istina (objašnjenje bilo čega što jeste, ili bilo čega što nije) mora isto tako da postoji. Postojanje istine – nasuprot poznavanju iste (istina može da postoji, a da je niko ne sazna) – jeste logična neophodnost.

Martin sedi u restoranu sa prijateljima raspoređenim oko stola a pred njima je pica koja se puši. Beskrajna nagađanja i činjenice pojavljuju se o tome kako je pica stigla: evoluirala je pukim slučajem, Hermes ju je doneo sa Olimpa na svojim krilatim nogama, pala je iz leteće tacne, ispečena je u kuhinji, pojavila se pošto su je preklinjali, stvorile su je bo-žanske reči »neka bude«, bog Marduk je progovorio i ona je postala, ona je dar milosti gurua Maharadžija, i tako *u beskraj*. Svako objašnjenje ko-je predlože, ili prihvate, mora biti pogrešno, ili iskrena greška, zlobna prevara, bilo šta. Niko, možda, nikada neće znati kako je pica tamo sti-gla; ili, ako neko veruje da zna, sumnja bi uvek grickala slabe uglove nje-gove dogme, bez obzira na sve dokaze za nju. Drugi će se, možda, odreći svake mogućnosti da će ikada znati. Koje god objašnjenje svako od njih prihvatio, i čak ako se svako od tih mišljenja suproti svim drugima; ili čak ako svako od njih otpočne religioznu (ili naučnu ili političku) revoluciju, zasnovanu na sopstvenim shvatanjima o poreklu pice; čak ako je jedan, neki od njih, ili su svi oni spremni da umru ili ubijaju za uzrok, poreklo i značenje pice – jedna pojedinost je sigurna: negde usred ili (možda) pot-puno izvan njihovih teorija, nagađanja i verovanja nešto je bilo uzrok da pica postoji i tačno znati ko ili šta, značilo bi znati istinu o pici.

Ovde suština nije teleološka (koristeći picu umesto časovnika mar-ke Pijaže); nije *šta je* uzrok ili da li pica podrazumeva pica – dizajnera. Suština je, umesto toga, samo u činjenici da mora postojati uzrok i da bi taj uzrok, šta god da je on (i bilo da je saznatljiv ili ne), bio istina o pici.

A sada, korak od stola, od paradajza, sira i šampinjona, od Marti-na i njegovih prijatelja, do čovečanstva koje oni predstavljaju. Teško da je to veliki skok, bilo logike ili vere, poverovati da kao što postoji objašnjenje za picu tako mora da postoji i objašnjenje za čovečanstvo, i kao što bi samo objašnjenje o pici bilo istina o pici, objašnjenje za čovečanstvo bilo bi istina o čovečanstvu.

Spinoza je jednom rekao da nam je da bismo živeli najsavršenijim životom na Zemlji potrebno da pronađemo razlog zašto smo ovde i da onda živimo u skladu sa tim. Koncept je natopljen premisama, a jedi-na sigurna jeste da postoji razlog, uzrok zbog koga smo ovde. Grizite usnicu, udarajte nogama o zemlju, inhalirajte misao odbačenu u vetar. Bez obzira kako subjektivno, zavisno ili iluzorno sve to može da vam izgleda ili bude stvarno, mi – bez obzira šta smo – to *smo* samo zato što je nešto postalo uzrok da budemo takvi.

Ljudi mogu pasionirano, sve do svoje sopstvene (ili nečije) smrti, da raspravljaju o hipotezama našeg postojanja: mi smo rezultat hlad-nih disteleoloških[149] sila; stvorenja smo Stvoritelja punog ljubavi; ovde smo zato što nas je neko pagansko božanstvo izbljuvalo iz svojih usta; proizvodi smo intergalaktičkog zasejavanja (Zemlja može biti svemirsko žitno polje); ili smo impresije koje su se javile nekim umovima u buradima, ništa više. Neposredna suština, ponovo, nije *šta* je uzrok, već samo da on mora da postoji – i da uzrok, šta god da je, čini sve druge suprotne tvrdnje pogrešnim.

Odreći se drevnog vavilonskog izveštaja o stvaranju (Zemlja je mrtvo telo boginje Tijamat, ubijene u bici sa drugim bogovima, zbog toga što su oni uznemirili Tijamatin san) znači da drugo objašnjenje – teističko, naturalističko, bilo koje, čak i u slučaju ako je nepoznato – mora da bude istina. Odbacivanje bilo kog kosmogonijskog objašnjenja sadrži i premisu onog istinitog, u kome je, čak, *Istina* po sebi. (Posle svega, zar to što bi objašnjavalo nas, i svemir, ne bi bilo *Istina?*) Tako se Istina podrazumeva u svakom odbacivanju kosmogonije.

Različiti sistemi (religiozni, sekularni, i mešavina ova dva) sačinjavaju tvrdnje o stvaranju koje ne mogu biti ispravne a da druge ne budu pogrešne. Ako je vavilonska verzija, na primer, istinita, ona poništava ateistički, materijalistički model ili suprotno, neki od njih, njega i ostale. Možda sve naše priče, teorije, i sveti tekstovi, bez obzira koliko temeljito uhvaćeni, očišćeni i formulisani nad ogromnim pomacima ljudske misli, nikada nisu čak ni očešali rubove onoga što se dogodilo. Pre naših početaka logika i matematika mogu biti grube praznoverice, a mašta naš najveći tlačitelj. To da postoji jedno objašnjenje jeste, ponovo, aksiomatsko (inherentno onome što odbacujemo); ono što nije aksiomatsko jeste da ćemo ga bilo kad znati.

Među takmičarima, to jest pogledima, koji su ispružili ruku prema vatrenom točku (a ima ih mnogo) nalazi se biblijski, onaj koji tvrdi da objašnjava ne samo naše postojanje, već da odgovara na najveće probleme, one koji, nerešeni, čine i nas i sve ono što verujemo i mislimo potpuno beskorisnim, a to je smrt, koja nas sve melje, i sve koje volimo, u prašinu, čak i manje od toga, dok se naše misli rasipaju kao otpaci među elektronima. Biblija tvrdi da je Hristos pobedio smrt, da će sve iznova stvoriti, da smrti više neće biti, u stvari da je to već postigao i da sada samo čekamo da rezultati budu preuzeti jednom za svagda. Ove tvrdnje zahtevaju ili da ih prihvatimo kao istinite, kao *Istinu*, ili da ih napustimo kao žalosne laži. Biblija je knjiga prepuna Isključenih srednjih rešenja.

Ili je »u početku stvorio Bog nebo i zemlju«(1. Mojsijeva 1,1), ili nije; drugim rečima ili je Bog Biblije stvorio svemir ili nije (ne postoji srednji put, ne sa ovom tvrdnjom).

Ili je zaista »stvori Gospod Bog čoveka od praha zemaljskoga i dunu mu u nos duh životni; i posta čovek duša živa«(1. Mojsijeva 2,7), ili nije; ili su ljudi planska i nameravana stvorenja Gospoda Boga opisanog u Pismu, ili nisu.

Jovan je pisao o Isusu: »U početku beše reč, i reč beše u Boga, i Bog beše reč. Ona beše u početku u Boga. Sve je kroz nju postalo, i bez nje ništa nije postalo što je postalo.«(Jovan 1,1–4) Isus je bio Stvoritelj svega ili nije; praviti neku vrstu izbalansiranog, dobro odmerenog kompromisa ili sinteze na ovom mestu je besmisleno. Neko jeste ili nije Stvoritelj svemira.

Ili je onako kako Biblija kaže: »A umaljenoga malim čim od anđela vidimo Isusa, koji je za smrt što podnese venčan slavom i časti, da bi po blagodati Božjoj za sve okusio smrt«(Jevrejima 2,9), ili nije. Ili je Isus Hristos, Stvoritelj umro za grehe sveta, ili je to laž i moralni i religiozni centar zapadne civilizacije zasnovan na mitu ništa stvarnijem od onog o Prometeju zakovanom za stenu zbog toga što je ukrao vatru sa neba i dao je ljudima.

»A poslednji će se neprijatelj ukinuti smrt«(1. Korinćanima 15,26); Hristova žrtva učiniće kraj smrti, kao što Biblija tvrdi, ili neće, što znači da ćemo ili dobiti besmrtnost iz nekog drugog izvora ili je uopšte nećemo dobiti.

»I kad otidem i pripravim vam mesto, opet ću doći, i uzeću vas k sebi da i vi budete gde sam ja«(Jovan 14,3); ili će Isus doći kao što je ovde zapisano da je rekao, ili neće, zato što su te reči laž – bilo Isusova, bilo Jovanova, a teško i da je od neke važnosti čija.

Kad Bog obećava u Bibliji: »Jer, gle, ja ću stvoriti nova nebesa i novu zemlju, i što je pre bilo neće se pominjati niti će na um dolaziti«(Isaija 65,17), ili će Bog stvoriti novo nebo i novu Zemlju, kao što ovaj tekst kaže, ili neće, zato što On ne postoji, ili zato što ne može, ili zato što nas je prevario govoreći da će, iako neće.

Iako često vađene, natezane i savijane u nijanse iza izvađenih, nategnutih i savijenih slova samih po sebi, ti tekstovi uprkos svemu stavljaju na kocku naše pretenzije primarnije od Zemljine zaobljenosti i pred njima se sve pojedinosti smanjuju, jer sve pojedinosti podeljene sa večnošću (osim večnosti same) postaju ništa. »Nama koji ne gledamo na ono što se vidi, nego na ono što se ne vidi; jer je ovo što se vidi za vreme, a ono što se ne vidi večno.« (2. Korinćanima 4,18) Između privremenog (bili to časovi ili čitave epohe) i večnog, zjapi ponor – mračan i neprelazan – ostavljajući nas u prašini (doslovno); obećanje, ono naglašeno u Pismu, jeste da je Hristos premostio taj jaz za nas i da nam lično nudi da ga pređemo sa Njim. Na svaki drugi način naš život, i sve što je bilo bolno spakovano u njih i razvijano iz njih, kulminiraju u ničemu osim jedne tačke na beskonačnoj liniji i naša privremenost i prolaznost ostaju večne.

Ponovo, ako je obećanje večnog života istinito. (Šta može biti važnije za bića čije se postojanje, drugačije, meri otkucajima na satovima vremena?) zašto bi ga Bog učinio teškim za pronalaženje ili čak nedostupnim? Ako je Hristos okusio smrt »za sve ljude« (Jevrejima 2,9), zar, onda, svakom čoveku nije dao priliku da ima koristi od te smrti? On je prema Bibliji to učinio: Hristova smrt prekrila je svet i time obuhvatila ne samo one koji nikada nisu znali o krstu, već i one koji su rasipnički potrošili svaku priliku da o njemu saznaju. Bilo kako: znali ili ne znali, mi smo isti – telo i boravak ovde sa crvima, u blatu,[150] telo nam je tako krhko, stvar koja nestaje. Njegovu prolaznost gledamo u licima onih koje volimo; i čak u licima onih koje ne volimo; smrt nas nikada ne napušta dok nas cele ne pojede i na kraju ne ispljune naše kosti tako ogoljene da čak i lešinari odvraćaju svoj grubi nos od njih. Pa ipak, kako god da je smrt osnovna, krst je još više takav; mora da bude takav zato što je da bi nam podario večni život, Isus morao da prođe iza smrti, da je potpuno iscrpi[151] i da je iskoreni sa Zemlje pre nego da se samo nadnosi, razmišlja i plače nad njom, kao što čine svi ljudski izumi, zamisli, naprave i filozofija, koji – nikad u mogućnosti da stvarno uhvate bilo šta oko groba – mogu samo da ga ukrašavaju cvećem ili klešu obične natpise u kamen (koji bledi) iznad njega. Ali Hristos, Bog sam, u našem telu, nije samo umro u tom telu, već je ustao iz mrtvih pokazujući da je Bog prošao iza smrti, razorio je, pobedio je, i prihvatajući ono što je Hristos učinio, Njegova pobeda biće i naša.

Možda, u tom slučaju, najbolji razlog da to prihvatimo nije u tome što je Hristos ispunio proročanstva iz Starog zaveta – kao ono u Knjizi proroka Danila 9,24–27. u kome je šest vekova pre Njegovog rođenja, sa natrprirodnom tačnošću proročen tačan datum Njegove žrtve, nego u to-me što su bez nečega što raskopava grob i ukida smrt, naš život diskar-monična oda besmislu jedno što raskopava grob jednostavno ni sa čim, čak ni jednim odjekom, koji bi pokazao i opravdao svu prethodnu buku. Ili možda najbolji ni to što je Isus ispunio proročanstva iz Knjige proroka Isaije 53. poglavlja razlog više koje je podrobno opisalo Nje-gov život i žrtvu više od sedam stotina godina pre Njegovog života i žrtve, nego je u tome što nas duboko u našoj unutrašnjosti glad za nečim grize, bez obzira koliko je naduvan naš stomak ili gladak naš ego. Bez obzira šta činimo, u kakvim pobedama uživamo, i u kakvim god zadovoljstvima naša duša i čula luksuzno uživaju, duboka prazni-na, neobjašnjivi *angst*[152] zatupljuje svako zadovoljstvo sve dok nas to zadovoljstvo ne zaboli i više ništa nije u mogućnosti da isceli te tupe udarce osim smrti *(ili Boga)*.

Ni Isusova istorijska autentičnost i verodostojnost, dokazi u prilog Njegovom vaskrsenju, ili svedočanstva apostola koji su izgubili sve za Hrista (Zašto inače podneti izopštenje iz društvene zajednice, tamnicu, izgnanstvo, mučenje, čak i smrt za prevaru koju ste zajedno sa drugi-ma smislili? Jedan usamljeni čudak, možda; ali kako da to izvede cela grupa, odjednom?), nisu najbolji razlozi za verovanje. Bolji razlog za verovanje jeste naša potreba da verujemo, bolji razlog za traženje tran-scendencije jeste naša potreba za transcendencijom. Možda probod ta-kve čežnje u nama nije ništa nego instinktivni bol i žalost za onim što smo imali i onim što smo bili pre nego što nam je smrt sputala život. Mi tražimo odgovore zato što nikad nismo posedovali ni pitanja; poje-dinosti o kojima se sada pitamo – bol, gubitak, zlo – su uljezi, ono što dolazi posle činjenice kao njeno izvrtanje, a činjenica je sama po sebi dobra. Želeti besmrtnost, bojati se poništavanja i skraćenja zlom (kao Vladimir i Estragon) jedan je od osnovnih izraza naše ljudskosti; su-protno od toga, sekularno, materijalističko mirenje sa nestajanjem (kao što je Mersoovo) apsurdna je devijacija od ljudskosti.

Naravno, takva želja, ne čini nadu istinitom; ona samo nagoveštava da bi nada mogla da bude istinita, da su te čežnje emanacije iz prošlo-sti, odraz prvobitne realnosti dublje od smrti, odjek arhetipski nas sa-mih koji nam šapuće da smo stvoreni za nešto više nego za jednostav-ni večni gubitak.

»Stvorenja nisu rođena sa nekim željama«, pisao je C. S. Luis, »za čije zadovoljenje ne postoji ništa na Zemlji. Beba oseća glad: pa dobro – postoji nešto kao što je hrana. Pače želi da pliva: pa dobro – postoji nešto kao što je voda. Ljudi osećaju seksualnu želju: pa dobro – postoji nešto kao što je seks. Ako pronađem u sebi neku želju koju iskustvo u ovom svetu ne može da zadovolji, najverovatnije objašnjenje jeste da sam stvoren za drugi svet...«[153] Ili je nešto tako užasno potislo tu želju ili su nam umesto toga bolest, patnja, smrt, nekada neprirodni životu, postali njegove osnovne poznate činjenice. Kao što žeđ pokazuje da, smo stvoreni da pijemo, možda naša želja da prevaziđemo smrtnost i beznačajnost otkriva da je originalno čovečanstvo bilo bez te dve osobine i da je tražiti Boga koji može obe da ukloni – daleko od toga da bude samo neko lakomisleno, fantazmagorično sanjarenje iz sveta mašte, »nadzemaljsko uživanje, zacelo«,[154] (kako kaže Mefistofel) – pre, instinkt koji ukazuje, okreće čovečanstvo unazad prema njegovim prvobitnim korenima.

Šta je u stvari suština krsta: da poništi naše okrutno izgnanstvo u zlo, da čovečanstvo uzdigne u ono što je bilo pre zabludelog skretanja u carstvo u kome telo nikad nije trebalo da bude (bili smo stvoreni da živimo, a ne da zauvek umremo). I ako nam zamisao o ponovnom povratku u prvobitno blaženstvo izgleda neobično, to je samo zbog toga što smo ostali predugo »potopljeni« u patnji, tako da su nam nepodnošljive pojedinosti – bol, smrt, strah – postale poznata životna činjenica. Nagoveštaji nekih arhetipskih utopija (deteta, nemodifikovanog) proklize kroz oklop svesti, ali su uvek maskirani i uplašeni, ako ne od pustošenja zla u spoljnom svetu, tada od zamršenih spojeva, oslabljenih nabora i kiselih hemikalija naše unutrašnjosti (to jest naših misli). Šta drugo osim nagoveštaja da tamo može biti za nas, kao za bića oštećena zlom mnogo većim nego samo otklonom od 10^{60} prema božanskom zakonu? Ako je bilo šta istinito, to je da su otkloni 10^{60}:1 u *udaljavanju od* Božjeg zakona, što objašnjava sudbinu onih koji svojim telima gnoje zemlju, a snovi im se pretvaraju u njenu jutarnju maglu.

Bez obzira na čvornovatost naših gena, ili ružne moždane gravure, krst obećava novi život, ne samo sada i ovde, već i novu Zemlju (staru preobraženu Zemlju) na kojoj će »Bog otrti svaku suzu od očiju njihovih, i smrti neće biti više, ni plača, ni vike, ni bolesti neće biti više; jer prvo prođe«. (Otkrivenje 21,4)

On će to ili učiniti, ili neće.

On to hoće, obećao je da će učiniti, i ako ne možemo da poverujemo Njegovim obećanjima čijim ćemo uopšte poverovati? Možemo čak upoznati ovog Boga i sigurnost Njegovih obećanja, kao što možemo upoznati milost, sažaljenje i dobrotu koji dolaze – odakle – ako ne od Boga koji sâm poseduje te osobine pre nego što ih je usadio u nas? Kako bi se drugačije belančevine, ugljenik, voda – samo amoralna materija – pretvorile u ljubav, milost, sažaljenje i dobrotu, u realnost kvantitativno veću od pukih formula i jednačina koje nas skoro, ali ne sasvim, čine onim što jesmo?

Takođe, šta je složenije, savršenije i »stvarnije« – ugljenik, belančevine, voda – ili bića stvorena od ugljenika, belančevina i vode koja mogu da prepoznaju Božjeosobine i, do neke mere, i sami odraze te osobine? Kako je ironično što su ljubav, milost, sažaljenje, dobrota – suviše složene za formule, suviše uzvišene za jednačine (potrebno je, ipak, nešto više od matematike da budemo stvoreni), prepoznate bolje od srca nego od uma, što otkriva ograničenja uma za saznavanje uzvišenijih pojedinosti.

Um je delotvoran, očigledno, samo u granicama nižih pojedinosti, kao u onom bolnom lamentu Ivana Karamazova o zlu. Kako god bio vatren izgovor za zlo, on je još uvek samo to – izgovor (um je specijalista za njih). Ako je bilo šta to zlo, ono je još veći razlog da se veruje; na svaki drugačiji način nema odgovora, nema cilja, nema pravde, nema nade – ništa osim generacije za generacijom smrti i patnje, dok je neko dovoljno ne usavrši da se i sama uništi, ili dok se neko ne raspukne i ne oduva sve, ne ostavljajući ništa da plače nad onim što je ranije bilo. Međutim, to samo ako nas Bog nije stvorio, ako nas Bog ne voli i ako Bog nije obećao da sve pojedinosti učini ispravnim bez obzira kako to sada nemoguće izgleda spojevima, naborima i hemikalijama naše svesti (nekim različitim spojevima, hemikalijama i naborima to se može pojaviti čak ne kao moguće, već i kao neizbežno).

Ali dok Bog to ne ostvari (kao što je obećao da će) – tu je Isus, isti Bog koji je umro u telu da bi nam sigurnim i neporecivim učinio svoje obećanje. Zašto bi Bog, u Hristu, u telu, propatio više nego što je

ijedno ljudsko biće ikada propatilo (iznova, mi patimo samo kao poje-
dinci, a On je propatio kao ceo ljudski rod), i da onda ne ispuni ono što
nam je Njegov beskrajni bol obećao? Ako se prvo utelovio prihva-
ćajući ljudskost (dovoljno neverovatno po sebi), a tada u toj ljudskosti
(ali još uvek Bog), Gospod je uzeo na sebe teret sve naše patnje, teret
svega našeg zla, sve naše krivice, plaćajući za njih sâm kao da ih je On
sve počinio, iako nije učinio ništa od toga... i ako taj čin nije dovoljna
garancija da će nam ispuniti bilo koje obećanje, šta onda jeste? Bog je
umro smrću gorom nego bilo ko od nas, i čineći to za sve nas? Šta bi-
smo još više mogli poželeti, šta nam je više od toga potrebno?

Mi znamo tako malo, a i ono malo što znamo, dolazi do nas razre-
đeno sumnjom, nesigurnošću i strahom. Pa, ipak, ne sa nesigurnošću
(ali sa velikim strahom) prepoznajemo svoju potrebu za nečim uz-
višenijim od onoga što nam život sada nudi, nečim što je iznad nas, što
nas prevazilazi, iako nismo sigurni šta je to, čak iako naše srce prepo-
znaje svoj ponos, a telo nas hrani sumnjom koja nas vraća natrag u nas
same, u tu brzopletu telesnost koja umire sa starim životinjama. Kako
je tužno biti zarobljen, i pod zapovedništvom tako malih, tako trenut-
nih, tako trivijalnih pojedinosti u suprotnosti sa večnim, jer sve što je
oko nas i što nam upućuje nagoveštaje, čak ako nikakve druge veće ne-
go što je sama zamisao po sebi, naročito kada se probudimo, još sanji-
vi, ali iznenađeni, krvlju pumpanom do krajnjih granica, do saznanja
da ćemo jednoga dana i mi otići, dok će ta naša zamisao ostati.

Pa ipak (ovde je suština svih stranica koje su prethodile ovoj zagra-
di) – krst je učinio večnost višom od neke zamisli, višom od apstrakt-
nog metafizičkog termina. Krst ju je učinio darom za nas, i to mnogo
stvarnijim darom nego što je sve na svetu, zato što se sve na svetu troši,
kao da se svakim okretanjem Zemlje oko svoje ose, svakom revoluci-
jom oko Sunca, tare o vreme – prostor, meljući polako sve ostale poje-
dinosti u prah, ostavljajući samo dar, večan koliko i Darodavac, dar Bo-
ga koji ne može da govori neistine, koji nam je kroz žrtvovanje samog
sebe omogućio put izlaza iz sudbine koja je ovde (kao što je Sartr pi-
sao) obeležena kao *No Exit*, [155] ali iz koje Isus kaže:»Ja sam vrata« (Jo-
van 10,9), i obećava večni život svima koji zakorače kroz njih.

On je to ili učinio, ili nije; ili ćemo koraknuti ili ne. Ili/ili... i ništa
više od toga.

Primedbe i literatura

[1] Alber Kami, Stranac, prevela Mirjana Lalić, Rad, Beograd 1999, str. 74. *Ovo je naznaka o korišćenoj bibliografskoj jedinici, a broj primedbe u tekstu i sam tekst primedbe dati su uvek kurzivom.*

[2] Kami, Stranac, str. 85.

[3] Albert Camus, The Myth of Sisyphus and Other Essays, Vintage Books, New York 1955. str. 68.*U primedbama bibliografskog karaktera naći će se i čitanje originalnih imena (tako je kod prim. 5,8,16, 17, 18, 29 itd) – osim kad nije data nikakva bibliografija, a onda je za ime data posebna primedba.*

[4] Kami, Stranac, str.30.

[5] Steven Weinberg, Dreams of A Final Theory, Vintage Books, New York, 1992. str. 275.

[6] Laurens Van Der Post, The Seed and The Sower, William Morrow, New York 1963. str. 115.

[7] Blaise Pascal, Penses, Penguin Books, New York, 1995, str. 66.

[8] Walt Whitman, Leaves of Grass, Penguin Books, New York, 1986. str. 44.

[9] Fridrih Niče, Tako je govorio Zaratustra, BIGZ, Beograd 1992, strana 120. drugi deo citata iz: Friedrich Nietzsche,Thus spake Zarathustra, in the Portable Nietzsche, Edited by Walter Kaufmann, Viking press, New York 1986, str. 125

[10] Nietzsche,Thus spake Zarathustra, str. 125.

[11] Nietzsche, The Gay Science, str. 447.

[12] Isto, str. 125.

[13] Isto, str. 125.

[14] Nietzsche,Thus spake Zarathustra, str. 127.

15 Nietzsche, The Gay Science, str. 125

16 Jean Paul Sartre, Existentialism and Human Emotions, Philosophical Library, New York 1957, str. 22.

17 Bertran Russell, Human Ethics and Human Society, Mentor Books, New York, 1962. str. 21.

18 J. L. Mackie, The Miracle of Theism, Oxford, Clarendon, 1982. str 116.

19 Fjodor M. Dostojevski, Braća Karamazovi, preveo Jovan Maksimović, II deo, Prosveta, Beograd 1968. str. 232.

20 Fjodor Mihajlovič Dostojevski, Zločin i kazna, Svjetlost, Sarajevo, 1991. str. 71.

21 U izdanju na srpskohrvatskom: »Ja sam ljudima želio dobra, i učinio bih stotine i hiljade dobrih djela za ovu jednu glupost.« Fjodor Mihajlovič Dostojevski, Zločin i kazna (Svjetlost; Sarajevo) 1991. str. 494.

Citat je prema tekstu na engleskom: Fyodor Dostoevsky, Crime and Punishment, Bantam Books, New York 1982. str. 453.

22 Sofokle, Car Edip; Antigona, preveo Miloš N. đurić, Rad, Beograd 1974, str. 129.

23 Prema izrazu na nemačkom – dakle, pogledu na svet, životnoj filozofiji!

24 Walt Whitman, Leaves of Grass, Penguin Books, New York, 1986. str. 54.

25 Samuel Beket, Čekajući Godoa, Knjiga – Komerc, Beograd 1994, str. 42.

26 Isto, str. 107.

27 Isto, str. 123.

28 Blaise Pascal, Penses, Penguin Books, New York, 1995, str. 130.

29 Francisco Jose Moreno, Between Faith and Reason, Harper Colophon Books, New York 1977. str 7.

30 Aristotle: Selections, Edited by W. D. Ross, Charles Scribner's Sons, New York 1955. str. 63.

31 *Pisac u šestom poglavlju obimnije raspravlja o razlici između fenomenona i numenona.*

[32] Samuel Beket, čekajući Godoa, Knjiga – Komerc, Beograd 1994, str.43.

[33] From Thales To Plato, T. V. Smith editor, University of Chicago Press, Chicago 1956. str. 60.

[34] *Arthur Stanley Eddington.*

[35] *Pobednička pesma u drevnoj Grčkoj.Vidi i primedbu 88.*

[36] *Stephen Hawking.*

[37] Citiran u David Deutsch, The Fabric of Reality, Penguin Books, New York 1997. str. 177–178.

[38] Citiran u Journal of Science and Religion, Vol.31: 2, June 1996. at www. templeton.org./science/jun962.asp

[39] David Berlinski, The Advent of the Algoritm, Haircourt, New York 2000. str. 249–250.

[40] Timothy Ferris, Coming of Age in the Milky Way, Doubleday, New York 1988. str. 384.

[41] Lav Nikolajevič Tolstoj, Ana Karenjina, II deo, prevela Zorka Velimirović, Knjiga Komerc, Beograd 1998. str. 419

[42] *U originalu – matter talasa.*

[43] *Nonlocality.*

[44] *Double slit experiment.*

[45] *Probability waves.*

[46] *WIMP – skraćenica od Weakly Interacting Massive Particles – Slabe Interaktivne Masivne čestice.*

[47] *Original imena u 49. primedbi.*

[48] *Collapsed starts.*

[49] Paul Davies, God and the New Physics, Touchstone Books, New York 1983, str. 101.

[50] *Gary Zukav.*

[51] *Naslov bi se mogao prevesti kao Ples Wu Li gospodara.*

[52] Gary Zukav, Dancing of Wu Li Masters, Bantam Books, New York 1980, str. 63.

[53] *Johan Gribben.*

[54] Johan Gribben, Scrodinger's Cat and the Search For Reality, Little, Brown, and Company, New York 1955. str. 5.

55 Citirano kod Davies, str 100.

56 Timothy Ferris, The Whole Shebang, Simon & Shuster, New York, 1997, str. 267.

57 *Otuda i naziv Collapsed starts – počeci koji će zavisiti od toga da li se čestica posmatra ili ne.*

58 *Ili kolabira.*

59 *Howard Carter.*

60 *Od Many Worlds Interpretation.*

61 David Deutsch, The Fabric of Reality, Penguin Books, New York, 1997, str. 51.

62 Roland Omnes, Quantum Philosophy, Princenton University Press, New Jersey, 1999, str. 82.

63 Omnes, str. 163.

64 *Brien Greene.*

65 Brian Greene, The Elegant Universe, Vintage Books, New York, 2000, str. 108.

66 *Referentnog okvira ili okvira merenja – frame of reference.*

67 *Okviru merenja ili referentnom okviru – frame of reference.*

68 Werner Heisenberg, Physics and Philosophy, Prometheus Books, Buffalo, 1999, str. 42.

69 Fjodor Mihajlovič Dostojevski, Braća Karamazovi, Prosveta, Beograd 1968, str. 268.

70 F.M. Dostojevski, Braća Karamazovi, Prosveta, Beograd 1968, str. 269–270.

71 *Izraz je na nemačkom – pogled na svet, životna filozofija.*

72 John Hick, Quoted in Philosophy: An Introduction Trough Literature, Lowell Kleinman and Stephen Lewis, Editors, Paragon House, New York, 1992, str. 457.

73 St. Avgustine, The City of God, Doubleday, New York, 1958, str. 109.

74 J. L. Mackie, »Evil and Omnipotence« Mind LXIV, 1955, str. 209.

75 *Alvin Plantinga.*

76 Alvin Plantinga, God and other Minds, Cornell University Press, Ithaca, 1967, str. 139.

[77] Friedrich Nietzsche, Thus Spake Zaratustra, Penguin Books, New York, 1969, str. 173.

[78] Anne Dillard, The Wreck of Time, Harper's, January 1998. str. 53.

[79] *Eagle nebulae.*

[80] *Tale of a Tub.*

[81] *Ili, bi se moglo prevesti – postaje urlik proslavljanja.*

[82] *Prava rasprava o razlici između numenona i fenomenona uslediće u šestom poglavlju.*

[83] *Moglo bi se prevesti i – olupine.*

[84] Artur Šopenhauer, Svet kao ideja i predstava, preveo Božidar Zec, Grafos, Beograd 1978. str. 35.

[85] Arthur Schopenhauer, The World as Will and Idea, JM Dent, London 1995. str. 4.

[86] Platon, Država, BIGZ, Beograd 1993. str. 206. slično i u: Plato, The Republic, Penguin Books, New York, str. 317.

[87] *Po nemačkoj filozofskoj kategorizaciji – stvari po sebi – ono što su one u suštini.*

[88] *Peano – božanstvo isceljenja i zdravlja kod starih Grka čiji su atributi kasnije prešli na Apolona. U tekstu je u pitanju poigravanje sa budućnošću upravo zbog toga što je to božanstvo i kod samih Grka u davnoj prošlosti bilo zaboravljeno.*

[89] *Orig. imena u 91. primedbi.*

[90] *John Locke.*

[91] George Berkeley, On the Principles of Human Knowledge, Excerpted in The Speculative Philosophers, Random House; New York 1947, str. 254.

[92] Arthur Schopenhauer, The World as Will and Idea, JM Dent, London 1995. str. 12.

[93] *Johann Gottlieb Fichte.*

[94] St. Augustine, City of God, Doubleday, New York 1958, str. 217.

[95] St. Augustine, Ibid, str. 254.

[96] *U ovim pasusima pisac pravi veliku razliku između onoga što je u osnovnoj postavki – default mode i pojmova koji nešto menjaju – modifajera – za koje smatra da su svi pali na Isusa.*

[97] Josif Brodski, Izabrane pesme, pesma Sve je na svom mestu, u uglu je toplo, preveo Ibrahim Hadžić, Mala biblioteka SKZ, Beograd 1990. str. 233.

[98] *Kosti lobanje.*

[99] *Zbog okrutnosti Japanaca u ovom napadu 1937. g. ovaj napad se u literaturi zove i »Silovanje Nankinga.«*

[100] Johan Vofgang Gete, Faust, prevod Branimir živojinović, Zavod za udžbenike i nastavna sredstva, Beograd 1999, str. 54.

[101] *Ironična primedba da dobro – sa svojim škrgama – uvek ostaje u primitivnom stanju i nikako ne može da se usavrši, dok zlo stalno napreduje i poprima sve usavršenije oblike.*

[102] Fox's Book of Martyrs, William Byron Forbush, Editor, Holt, Reinart, Winston, New York 1965. str.152–153.

[103] Max Dimond, Jews, God and History, Signet Books, New York 1962. str 383.

[104] *Na nemačkom – Duh.*

[105] *Mitska ličnost.*

[106] *Orig. imena u sledećoj primedbi.*

[107] Thomas Hobbes, Leviathan, Excerpted in The Political Philosophers, Random House, New York 1947. str 7.

[108] *Moral default mode.*

[109] Alfred Jules Ayer, »Critique of Ethics and Theology« u Language, Truth and Logic, Dower Publications, 1936, Excerpted in Philosophy: An Introduction Through Literature, Lowell Kleinmann and Stephen Lewis – Editors, Paragon House, New York 1992. str 310.

[110] Isto.

[111] *Brien Medlin.*

[112] C.S. Lewis, Mere Christianity, Simon & Schuster; New York 1996. str19.

[113] Paul Davies, God and the New Physics, Simon & Schuster; New York 1983. str 187–188.

[114] Isto. 189

[115] Isto.179

[116] Isto. 179

[117] Cicero, On the Nature of the Gods, Oxford University Press, 1997, Excerpted in The Book of the Cosmos, Dennis Sanielson, Editor, Peseus Publishing, Camridge, Mass, 2000, str. 53.

[118] Josif Brodski, Izabrane pesme, pesma Leptirica, preveo Ibrahim Hadžić, Mala biblioteka SKZ, Beograd 1990. str. 219.

[119] *Jezuita u Engleskoj, živeo u 19. veku. On je matematičkim izračunavanjima dokazivao da sa porastom broja stanovnika za njih neće nastati i bolji životni uslovi.*

[120] Josif Brodski, str.219.

[121] Josif Brodski, str.225.

[122] *Izmišljeno mesto i lik, Bajard Sartoris, koji, kao i Raskoljnikov u romanu Dostojevskog, pripada tom zamišljenom mestu kod poznatog američkog pisca Vilijama Foknera.*

[123] Josif Brodski, str.219.

[124] *Zato i ime Avelj – prvi sin Adama i Eve – znači Para.*

[125] *U srpskom jeziku, na primer, u Rečniku »Matice srpske« »ništa« ima pet, a »ništavilo« tri značenja.*

[126] Jean Paul Sartre, Existentialism and Human Emotions, Philosophical Library, New York, 1957, str. 32.

[127] *Izmišljeni likovi iz filmova »Terminator I i II« kod kojih je preko tela robota (mašina za ubijanje) navučena čovekova koža.*

[128] *Po biblijskoj definiciji vera je – Tvrdo čekanje onoga čemu se nadamo i dokazivanje onoga što ne vidimo.*

[129] *Angsta tj. muke – ovo najčešći termin u postmodernizmu za ono što se pojavljuje u ljudskom iskustvu.*

[130] *Max Heidegger.*

[131] Sartre, str. 63.

[132] Euripides, »Alcestis« Seven Famous Greek Plays, The Modern Library, New York, 1950, str. 287.

[133] Sofokle, Antigona; Car Edip, preveo Miloš N. đurić, Rad, Beograd 1974. str. 99.

[134] *Sad strains of a Gay Waltz.*

135 Wallace Stevens, The Collected Poems, Vintage Books, New York, 1990. str. 122.

136 Jeremy Bentnam, *matematičar.*

137 Džordž Gordon Bajron, Iz misterije »Kain«, prevod E. Bogdanović, Izabrana dela, Prosveta, Beograd 1968. str. 74.

138 *To jest, biblijskim rečima rečeno, telu i željama.*

139 Lav Tostoj, Smrt Ivana Iljiča i druge pripovetke,

140 Leo Tolstoy, in a letter excerpted in the Introduction by Rosemary Edmonds to Anna Karenin, Penguin Classics, New York, 1978. Bez oznaka stranica.

141 *Urstoff je izraz na nemačkom koji se sreće kod filozofa, a obeležava pramateriju – ono od čega je sve kasnije stvoreno – nešto prapostojeće, izvorno, osnov svega što postoji.*

142 *Nizovi.*

143 Wallace Stevens, The Collected Poems, Vintage Books, New York, 1990. str. 41.

144 Houston Smith, Beyond the Post – Modern Mind, Theosophical Publishing House, Wheaton, Ill, 1992. str. 9.

145 Jean Francois Lyotard, The Postmodern Condition: A Report on Knowkedge, University of Minnesota Press, Minneapolis, 1984, str.82.

146 Friedrich Nietzsche, Beyond Good and Evil, Vintage Books, New York 1989, str. 45.

147 *Ili njegova tako sveobuhvatna tvrdnja ne bi smela da bude pogrešna.*

148 *Ludwig Wittgenstein.*

149 *Disteleološki – nesvrsishodno, nesvrhovito.*

150 *Zemlji, prahu, glini.*

151 *Razori, uništi.*

152 Strah, zabrinutost za život i životne prilike.

153 *C. S. Lewis, Mere Christianity, str. 121*

154 *Johann Wolfgang von Goethe, Faust, str. 91*

155 *Jean – Paul Satre*